照亮我一路前行

唐曦之 袁树雄 黄金云 / 著

袁树雄与《早安隆回》

湖南人民出版社·长沙

序 言

我眼中的袁树雄

邹铁夫　民歌君

《早安隆回》的词曲作者及演唱者袁树雄，我想大家都已有所了解。他为湖南省邵阳市隆回县创作的一首激励当地砥砺前行的大众歌曲，近来火遍了全网。

据不完全统计，这首歌曲已被人们点击播放了一千四百多亿次，隆回县和袁树雄也因此迅速被国人和全世界所知，甚至引起阿根廷驻华大使的关注。大使先生专门安排时间携夫人从北京前往隆回县，探访袁树雄的家及他创作《早安隆回》的音乐工作室。大使先生对袁树雄给予鼓励和感谢——他的歌曲为梅西领奖的电视画面增添了乐趣。

应该说，袁树雄是位幸运者。但如果仅此而已，那就太片面了。机会是留给有准备的人的，《早安隆回》的成功，离不开袁树雄三十多年来为音乐持之以恒、踔厉奋发的探索与实践。

我与袁树雄的相识相交，是在2006年的下半年。当时的袁树雄，还只是活跃在广州歌厅的演唱者。我应天艺唱片的邀请，为袁树雄量身打造了他的第一张原创唱片专辑。第一次见面，他给我留下了深刻的印象：个头不高但也不矮，偏瘦，话不多，一身书生气。

袁树雄当场为我演唱了两首原创歌曲，一首《苦咖啡》，一首《恋爱宝贝》。听完两首作品，我便有了判断——他不仅具有独立创作能力，能创作出"好听作品"，而且具有沙哑与金属性混搭的声音特质，应该会得到市场的认可和欢迎。后来的事实也证明，我为他制作的第一张原创作品专辑《袁汁袁味·苦咖啡》一上市，就在唱片市场引起了不小的反响。应该说，里面的作品首首好听、曲曲耐听，主打歌《苦咖啡》在当年的中国一百多家广播电台音乐联播总榜单中获得亚军。可能很多唱片发烧友对此留有记忆。

在北京合作录制期间，我们朝夕相处大约有半个多月。在此过程中，我亲眼见证了他对音乐的酷爱、执着与追求。袁树雄不但弹得一手好吉他，还会演唱各种风格的流行曲，具有不俗的文化底蕴。闲暇时，他还会写写诗词歌赋。

袁树雄总是给人一种朝气蓬勃、积极向上的感觉。我们在一起工作时，他总能不厌其烦地处理问题。对于音乐形象的塑造，他要求达到清清楚楚、完全准确的地步。对于不慎暴露的一点点湖南乡音，他也要反反复复地纠正。为了把歌曲唱得生动感人，他会反复调整录音演唱，直到把表现不充分的地方或有瑕疵的乐句、乐段彻底改正为止。毫不夸张地讲，袁树雄是一位视音乐为生命的音乐人，是真正意义上的音乐人。也正因如此，我们成了多年的好朋友！

《早安隆回》借着世界杯突然爆火，受到来自全国乃至全世界歌迷的关注、喜爱与传唱，应该说是个奇迹！也可以说，这是天赐良机。世界杯闭幕式的电视画面成就了这首歌，让这首歌横空出世，并迅速传遍全世界，也顺势登上了2023年的央视春晚。

《早安隆回》是一首通俗易懂、朗朗上口的大众歌曲，谈不上高大上，也不属于艺术性极强的声乐作品，但爆火大半年仍然热度不减。这不禁让人惊叹，一首群众性歌曲竟然有这么大的力量！我想，这离不开袁树雄在长期的音乐创作实践活动中积累的丰富经验。他，触摸到了广大人民群众欣赏习惯的脉搏，正如我在很多场合上讲过的——"好听就是硬道理"，袁树雄做到了！

袁树雄与《早安隆回》的走红，已经成为一次现象级的音乐事件。在这波传播的热潮中，我也看到和听到了一些杂音，比如有人说该歌曲涉嫌抄袭、剽窃。在我看来，这种说法是谬误，是不负责任的、不懂创作原理的胡说八道。

有人说这首歌曲像《冬天里的一把火》，有人说像《歌声与微笑》，还有人说编曲曲风像德国歌曲《加油加油》……但其实，这是一首非常完整并且独立成章的二段体群众歌曲，不存在抄袭和剽窃！无论是主歌部分，还是副歌部分都不存在！

大家知道，音乐创作是词曲作者对生活产生创思后，运用自己所掌握的音乐知识和创作手段完成的。构成音乐的乐音音符是有限的，任何音乐作品都是使用这些有限的乐音来完成。在音乐构成的流动中，难免会在一个小节里有雷同或相像的状况，这是很正常的事。只要动机和发展形成独立个性，契合歌词并形成完整的音乐形象，就不应说是抄袭或剽窃。这是一首已经被上亿人认可并传唱的歌曲，我们应该正视它的完整统一性。其音乐形象是明确的、健康的，是积极向上、充满正能量的。

在袁树雄的头脑中，从不缺乏节奏与旋律。他的内心，是充盈的、阳光的。以我这么多年对袁树雄的了解，他是一个工作勤奋、心态积极、为人谦和而又善解人意的人。

他真的很棒！我很赞赏他！

2023 年 6 月

邹铁夫，中国音乐家协会会员，中国社会艺术协会理事，中国金唱片首设制作人奖获得者；作曲家，高级编辑，独立音乐制作人，曾被国内多所音乐院校聘为客座教授；获得广东"十大发烧唱片榜"最佳制作人奖和唱片音乐制作特别贡献奖，广州专业唱片发烧友俱乐部最受欢迎音乐制作人奖。

民歌君，原名郭峰，媒体人，曾供职于传统媒体，现为民歌领域自媒体"民歌中国"创办人。

早安隆回

让我再深情地望着你
早安我的 baby
你伴我迎接灿烂的曙光
迎接崭新的黎明
是你给我无穷的力量
勇敢地向前行
我要对你说声谢谢你
早安,我的隆回

让我再深情地望着你
晚安我的 baby
你陪我进入甜蜜的梦乡
放飞美丽的心情
是你给我贴心的温暖

聆听着你的呼吸
我要对你说声谢谢你
晚安我的 baby
你是那夜空中最美的星星
照亮我一路前行
你是我生命中最美的相遇
你若安好便是晴天
你是那夜空中最美的星星
陪伴我一路前行
你是我生命中最美的相遇
早安我的隆回

目　录

早安，隆回 /001
ZAOAN, LONGHUI

　千亿点击"神曲"的诞生 /002
　它为什么这样红 /005
　荣登湖南卫视跨年晚会 /014
　首登央视春晚 /021

来时的路 /029
LAISHI DE LU

　被上帝咬过的苹果 /030
　逐梦音乐 /036

奔赴山海 /045
BENFU SHANHAI

从湖南北上新疆 /046

电大"充电" /051

签约唱片公司 /055

发行第一张专辑 /058

成为公益达人 /065

从爱情、恩情、友情到亲情 /071

月是故乡明 /089
YUE SHI GUXIANG MING

再遇伯乐 /090

心系隆回 /096

家乡韵味 /101

写给老村长和种茶人的歌 /112

出发与归来 /120

你好，隆回 /127
NIHAO, LONGHUI

让隆回走向世界 /128

让世界了解隆回 /134

梦想成功 /137

成名之后 /142

写在后面的话 /145
XIE ZAI HOUMIAN DE HUA

后 记 /148
HOUJI

ZAOAN，LONGHUI

早安，隆回

———

千亿点击"神曲"的诞生

它为什么这样红

荣登湖南卫视跨年晚会

首登央视春晚

———

千亿点击"神曲"的诞生

2023年1月21日晚，9点40分。

央视春晚的舞台，万千观众在翘首期待一个节目。当《早安，阳光》这首歌的旋律响起，春晚的节日氛围被推向一个高潮。这个由《阳光总在风雨后》和《早安隆回》改编的合唱节目，表演者来自全国各行各业，有医生、环卫工、农民……欢快积极的节奏、振奋向上的旋律，鼓舞着正在困境中的人们。

当三分多钟的节目进入尾声时，袁树雄的身影出现在直播画面里。短短的几秒镜头中，袁树雄坐在前排，情绪高昂，双手打着节拍。他内心澎湃的情感，正随着舞台上的表演一同倾泻流淌。他不由自主地跟着一起哼唱："你是那夜空中最美的星星，照亮我一路前行……"是呀，从沉默于家乡小镇的草根歌手，到携原创歌曲登上万众瞩目的春晚舞台，他跟着夜空中那颗最美的星星一路前行，走了三十多年。

袁树雄，一个用音乐记录生活的草根全能歌手。音乐是他的生活催化剂，甚至是他的精神支柱。国家大事、生活小事，都是他的创作源泉。他创作了许多带着家乡的泥土气息与爱国情怀的歌曲，《早安隆回》便是其中一曲。

《早安隆回》这首歌，诞生于2020年。这一年，在新冠肺炎疫情防控取得重大战略成果后，社会和经济亟待恢复，遭受疫情折磨的广大民众急需心理疏导。这个寒冬，需要一些温暖、帮助和爱，来消除孤独和寂寞。早日实现正常生活，成了所有人共同期待的目标。

袁树雄的想法与其他人一样，"彷徨也好，失落也好，就是总盼望这一切早点过去"。他想，这个时候应该用音乐来记录表达一些什么，不如就写一首慷慨激昂、振奋人心的歌，给老百姓打气加油！

经过一个多星期的构思，2020年8月15日晚上，灵感来了。那是一个在周末的日子，袁树雄从睡梦中醒来，把多日来萦绕在脑海中的星星、黎明、太阳等意象，组织成流畅的歌词。歌词出来的同时，歌曲的旋律也基本成形。

最初，袁树雄为这首歌取的名字是"早安今天"。因为在他看来，"早安"这句问候语，是人间最温暖的语言。早晨的霞光无比灿烂，早晨的露珠无比晶莹，早晨的鲜花无比美丽，早晨的空气无比新鲜，早晨的情绪无比舒畅。让清晨的旭日带来幸运，让飞扬的柳枝带来激情，让蔚蓝的天空带来梦想，让祝福带来一声"早安今天"。

第二天，袁树雄用吉他弹唱写好的《早安今天》。他一边弹一边唱着找感觉，不放过每一个细节，不漏过每一丝情感。最后，他被自己打动了——

　　让我再深情地望着你，早安我的 baby，你伴我迎接灿烂的曙光，迎接崭新的黎明。是你给我无穷的力量，勇敢地向前行，我要对你说声谢谢你，早安，我的今天。

　　你是那夜空中最美的星星，照亮我一路前行。你是我生命中最美的相遇，你若安好便是晴天。

　　直到在网络发布的那天，袁树雄还在反复追问自己：歌名是"早安今天"好呢？还是"早安中国"好？后来，袁树雄仔细想了想：家是小小国，国是大大家。隆回是自己的家乡，一个小县城的早晨可以看到霞光万丈，我们的大中国更加是一个温暖的海洋。"早安隆回"，表达的是对家乡的爱，抒发的是对祖国的情。歌词心随情动，歌名亲切自然，比什么都好！于是，他将歌名最终定为"早安隆回"。

　　2020 年 12 月，在经过专业伴奏制作与录音后，《早安隆回》这首歌在全网上线。

它为什么这样红

袁树雄是个基层音乐工作者、草根歌手,也是一个要养孩子的父亲。在他看来,他创作的许多歌曲也是自己的"孩子"。但他没钱做推广,养不了。于是只好让唱片公司的朋友把歌曲挂在网上,任由它们"野蛮生长"。因此,《早安隆回》这首歌诞生后,袁树雄对这个"孩子"以后能长成什么样子,心里根本没底。但他隐隐约约感受到《早安隆回》的与众不同,因为 2020 年 12 月,《早安隆回》刚刚全网发布,便迅速蹿红。有 MV 摄影师把 MV 的视频片段在个人抖音号发布后,点击量瞬间突破 100 万。

一夜之间,街头巷尾都在传唱这首歌。网络很疯狂,历经两年多,这首歌的播放量从 0 至 1 亿,从 1 亿至 10 亿,从 10 亿至 1400 亿。一组枯燥的数字,绽放的却是神奇。

《早安隆回》火了!

冬天里的这把火,一旦点燃,便成燎原之势。

2020年12月至2022年3月，网民们自发地将自己的生活片段短视频配上《早安隆回》的音乐，听过的觉得好听，唱过的人唱了还想唱。因为他们觉得，在新冠疫情的阴霾下，这首歌温馨亲切，让人轻松愉悦，压抑之情缓解，励志梦想之光顿生。

袁树雄心跳加速了。悄悄地，他有了自己的想法。

在信息多元化的今天，酒香也怕巷子深。袁树雄深深明白这一点。接下来的日子，他只要有下乡演出或者商业演出的机会，都会充满激情地演唱《早安隆回》这首歌，增加它的曝光度。

不怕不识货，就怕货比货。听听别的歌，比比这首歌，大家都说《早安隆回》好听、耐听。在隆回本地，这首歌渐渐地拥有了大批粉丝。有一个抖音粉丝还大胆地预言：这首歌，一定会火！

时间在走，歌也在走，《早安隆回》走上了抖音路。一年多后，抖音里，慢慢地出现了用《早安隆回》做背景音乐的短视频。

《早安隆回》一步步的走红，像极了内红李不断成熟的过程。内红李是从里面一点点红到外面，昨天看起来可能还裹着一层青色，第二天可能就褪去青涩，由青而红，红艳可人。

2022年初，香港出现一些新冠肺炎确诊病例，数批援港医护人员赴港抗疫。热心的香港市民心存感激，用手机将一幕幕暖心画面拍了下来，并用《早安隆回》做背景音乐在抖音平台上发布。很快，歌曲《早安隆回》迅速传播。之后，越来越多的人用这首歌来鼓舞抗疫斗志。

2022年3月，唱片推广公司企宣工作人员告诉袁树雄："袁老师，您的《早安隆回》在抖音上火啦，播放量突破一个亿！"袁树雄非常惊讶，马上请教工作人员如何进入抖音官方后台查看数据。当看到自己的歌曲在抖音的播放量真的达到1亿时，他惊讶地睁大了眼睛，看了一回又一回，他不敢相信这是真的。

当他确认这个数据真实无误后，才如梦初醒，当即激动地把这个好消息告诉妻子："我可能成功了！"妻子开心地夸他："你的努力与坚持终于没有白费，真替你高兴！"

很快，这个消息被老家媒体邵阳广电全媒体记者胡德积知道了。2022年3月24日，胡德积中饭都没吃就赶到袁树雄家里。他查看了歌曲后台数据后，马上拍摄了一些袁树雄与《早安隆回》的视频素材。当天，胡德积就在网上发布《邵阳原创歌曲〈早安隆回〉抖音播放量破亿，刮起音乐"邵旋风"》这篇文章。

一石激起千层浪，万人传唱隆回歌。

这一次，这首歌唱的是隆回！歌手来自隆回！隆回的本地网络圈沸腾了，很多朋友向袁树雄发来信息表达兴奋和喜悦之情，大家都祝贺他的这首歌取得这样骄人的成绩！

有一篇报道曾这样写道：

该歌词曲创作者是湖南知名音乐才俊袁树雄，他用质朴的语言和着美妙的旋律，谱写一曲广为流传的青春之歌。播放量破亿！当朋友告诉他这个好消息时，他自己仿佛坐了趟过山车。

"当初公司告诉我，我还不相信，然后截图给我，然后教我怎么去后台看这个数据，我一看真的吓一跳……现在的播放量一亿多了，我特别开心，特别欣慰。说心里话，作为一名创作者，自己的作品能够被大家接受、认可、传唱，包括使用，对我们来说，很欣喜、很开心，我想它的成功主要在于它的这种正能量,现在社会很需要正能量！"袁树雄激动地说。

从激情澎湃的《宝庆府》到励志动听的《早安隆回》，袁树雄的歌曲洋溢着对宝庆这片热土的浓郁炽爱之情。

…………

当今社会，很需要这种积极、阳光、正的东西，尽管唱的是"早安隆回"，其实折射的是整个中国。早安隆回，早安中国！

时间在走，歌还在走，《早安隆回》走上了抖音的快速传播通道，众多网友纷纷用这首歌做背景音乐发布作品。2022年5月，这首歌的抖音播放量达到6亿，7月达到10亿。直到2022年11—12月，《早安隆回》与卡塔尔世界杯足球赛"穿越"相遇。

众所周知，世界杯足球赛是全球最火的体育赛事，全世界的球迷都为每一次比赛加油、呐喊。球场上奔跑竞技的激情与热血，和《早安隆回》歌曲催人奋进、勇往直前的节奏和旋律，竟然可以天衣无缝地互搭。球场上每一次进球的高光时刻，网友们都能在歌曲中找到精准的结合点。场上飞奔的球员们并不知道，他们的一举手一投足，伴随着《早安隆回》的歌声，以短视频的形式给广大并未到现场观战的球迷传递着球场上的速度与激情。像被踢得生风的足球，《早安隆回》的播放量迅猛增长。

世界杯决赛是在阿根廷队与法国队之间进行，有一部分球迷期待梅西所在的阿根廷队能够夺冠，因为，这是梅西最后一次参加世界杯赛。梅西为足球奋斗一辈子，拿过无数冠军。在职业生涯的荣誉榜上，他独缺世界杯冠军。如果能捧上大力神杯，将是他多大的荣耀啊！

决赛现场，战局跌宕起伏，戏剧性的进球尤其让人揪心。一会儿法国队领先，一会儿阿根廷队奋起直追；一会儿法国队冲锋在前，一会儿阿根廷队又迎难而上。直到加时赛结束，双方还是难分胜负。最后，在残酷刺激又惊心动魄的点球大战后，阿根廷终登巅峰。

颁奖时，梅西从国际足联主席手中接过大力神杯，开心得不得了。他抱着大力神杯，弓着腰，一小步一小步地走向他的队友，整个球队都配合着他律动着。球迷们都知道，梅西的绝活是小碎步变向。他踢球时身体重心压低，脚底下非常灵活，常用小碎步变向，有时护球摆脱对方逼抢，有时直接向前过人突破，有时横向内切突破传球或射门。他曾经在5人包围的情况下，用小碎步变向成功过人。在卡塔尔世界杯足球赛前，已有不少人发布过梅西球场上小碎步的短视频。

梅西为什么用这种小碎步捧着大力神杯走向他的队伍呢？

原来，这段碎步舞的背后有一个动人的故事。梅西早年结识了一个身患绝症的小男孩，小男孩是梅西的粉丝，他希望偶像有朝一日一定要捧得大力神杯，并跳上一段自己设计的舞蹈。

在卡塔尔，阿根廷队屡屡涉险过关，在决赛中经过点球大战击败法国队，梅西凭着钢铁般的意志踢进三球，成为当之无愧的球王。35岁的梅西成为全球的宠儿，他心里依然记得多年前与绝症男孩的约定。梅西就是这样一个有爱心的人、一个一诺千金的人。

梅西迈着小碎步捧着大力神杯回到球队之中，饱含着对夺冠的艰辛之感和喜悦之情，因为本届世界杯是他最后的机会。小组赛输给沙特之后，阿根廷队的处境何等艰辛！三十多年来，阿根廷队一次次铩羽而归。艰难困苦，玉汝于成。如今捧得梦寐以求的大力神杯，小碎步舞是对他们一步一个脚印不懈努力的完美注解。

让人意想不到的是，梅西的小碎步舞的节奏，居然与《早安隆回》的节拍一模一样。梅西踏着小碎步走到队友中高高举起手中奖杯的视频片断，被无数网友配上《早安隆回》发布。一夜之间，《早安隆回》传遍全世界！在数不清的配着《早安隆回》的梅西小碎步视频中，旅日华人叶玉灿先生的视频影响很大，一天内点赞达10万以上。另外，山西的"胡球说CBA"抖音号、安徽的"默默"抖音号等发布的视频也是后浪追前浪。到12月18日世界杯结束，跟《早安隆回》相关的视频的播放量从赛前10多亿次迅速增长到40亿次。

为什么《早安隆回》能再次爆红？它还能持续地红下去成为"神

曲"吗？有些网友这样分析：

　　《早安隆回》歌词中会反复吟唱"早安""你是那夜空中最美的星星"，让人沉浸在激情和美好的希望中。

　　《早安隆回》歌曲中，"我的baby""我的隆回"，既指现实与生活中的孩子和家乡，又可理解为作者理想中的心灵寄托，或者一切美好的人和事物。从这个意义上来说，歌曲已然超越了地域和题材的限制，成为一个容易引发共情共鸣的艺术载体，普遍适用于各种处于找不到前进方向中的、徘徊在迷茫中的、在黑暗中挣扎奋斗中的……所有群体！给他们带来力量、带来希望和勇气。

　　《早安隆回》中的歌词，能唤醒迷茫的眼睛，能赐予人前进的力量，能带给人无限的希望与信心。歌词里的"曙光""黎明"，能带给人无穷希望。"星星"可以是"偶像"，可以是"理想"，也可以是"情怀"，能带给人无穷的力量。这就是《早安隆回》的普适性。

　　"为什么我的眼里常含泪水？因为我对这土地爱得深沉。"隆回是作者成长的摇篮，是放飞梦想的地方；既是他心灵栖息的港湾，也是精神皈依的家园，再怎么深情礼赞，都不为过。歌词中作者的心是火热的，情是奔放的。是隆回给了他力量和希望，鞭策着他勇敢向前，迎接希望的曙光，迎接崭新的黎明。袁树雄用对家乡隆回的热爱,唱出了人们对美好生活的无限向往,充满力量,满怀希望和信心,勇敢地向前行,迎接曙光,迎接灿烂黎明到来。歌词朗朗上口,旋律催人奋进,节奏亦欢快动感,传递着满满的正能量。用袁树雄的话说,创作的目的,就是给大家打气加油。

《早安隆回》的爆火,赢在合适的时机,契合了梅西的神碎步,搭帮自媒体某人的神剪辑……所有这些,都是这个网络信息大爆炸时代的产物,其偶然性即在此。各种偶然的因素积累在一起,发酵了,成就了《早安隆回》世界级的爆火,见证了袁树雄的一曲成名。但是,我们不能把这一切全部归功于运气,其实这一切,也是必然的结果。细究其根本,就在于袁树雄的坚守初心。"一曲成名天下闻,谁识当年苦耘耕。"在人生的低谷时期,他咬紧牙关,30年来为梦想坚持不懈。

毕竟《早安隆回》是本土歌手创作的,骨头和血液中,流淌着和自带着隆回的地域文化基因。这离不开梅山文化的影响,离不开本地丰沃的文化土壤的营养。隆回深厚的文化底蕴,如春风化雨,润物无声。袁树雄生于斯,长于斯,50年来,大部分时间是学习于斯、工作于斯,耳濡目染,内化于无形,才造就《早安隆回》的传奇。

歌词中反复吟唱的"让我再深情地望着你""我的

baby""我的隆回",所有的希望、信心、勇敢、力量,都来自对家乡隆回最深情的爱。 Baby是父母的心头肉,不仅是父母血脉的延续,更是父母最热切的希望所在。《早安隆回》爱家乡、爱隆回,歌词里洋溢着袁树雄浓烈的家国情怀。

荣登湖南卫视跨年晚会

《早安隆回》火了，袁树雄接二连三地接到各种晚会的邀请。浙江一位有几千万抖音粉丝的"衣哥"盛情邀请袁树雄去参加他们的跨年晚会，袁树雄答应了。2022年12月30日中午，袁树雄带着儿子袁旦从家乡隆回出发，坐上开往浙江的高铁。

下午5点左右，袁树雄突然接到隆回县委书记刘军的电话。书记问："树雄呀，你在哪里？湖南卫视跨年晚会要你今晚赶过去排练。"什么？袁树雄简直不敢相信自己的耳朵。他反复问书记：是湖南卫视跨年晚会吗？是今晚排练吗？当得到肯定的回答后，袁树雄按捺不住内心的激动，同时又特别纠结：之前与浙江直播的"衣哥"达成了演出协议，但自己突然说不参加演出。肯定不能这样做。该怎么办？

高铁奔驰，袁树雄也在快速思考：要迅速决策，否则今晚赶不回湖南。与"衣哥"的演出协议怎么办？对方要是不答应怎么办？

时间不等人，得赶紧找"衣哥"商量。袁树雄紧张地拨通了"衣哥"

的电话，解释自己的情况。万万没想到，"衣哥"欣然接受了，他说："你先去参加湖南卫视的跨年晚会排练，过几天再来补上这场演出就行。"

感谢理解！理解万岁！听完"衣哥"的话，袁树雄大声对儿子说："赶紧拿行李，准备下车！"当时高铁正好到达浙江金华站，安静的车厢里这一声吆喝如同炸雷，把整个车厢的人都吓了一跳，大家不约而同地把目光投了过来，眼神里明显地写着疑惑甚至不满：这人谁呀，这么夸张！袁树雄连忙说"对不起对不起"。他们不知道，此时此刻，袁树雄真是太紧张、太激动、太兴奋了！

下车容易上车难，上回湖南的车更难。按照当时的情况，就算坐最快的高铁赶回去，到长沙也已晚上9点多。还好，组委会排练时间会延续到凌晨，所以排练还是赶得上的。但眼前的问题是，怎样赶上返湘的高铁呢？

手机12306应用程序上显示已经没票，袁树雄只能前往售票大厅购票。排队十几分钟后，窗口的售票员说，回湖南的高铁票全部售完了。袁树雄想到向家乡的书记求助。他跟刘军书记说了自己的困境，刘书记安慰说："树雄，不急，这边会安排当地老乡专程开车送你回来，或者看能否先上高铁后补票。"听着刘书记温暖的宽慰，袁树雄的心里一下踏实了。几分钟后，他接到了当地老乡的电话。很快，这位朋友送他们顺利地上了回湖南的高铁。

临近新年，车厢里旅客比较多，没有空余的座位。补完票后，袁树雄与儿子一直站在餐车中，一路颠簸着到了湖南，电话打个不停。

到长沙，已经是晚上9点多，湖南卫视安排工作人员来高铁站接人。打几个小时电话，心累；站几个小时，脚累。袁树雄顾不得客套，赶紧上车坐下。到达湖南卫视排练厅时，已近10点。导演组安排工作人员出来接袁树雄，带他走进排练现场。排练现场繁忙热闹，演员们个个在认真地练习，导演在不厌其烦地告诉他们怎样走台与互动。

袁树雄的演出属于临时决定的，得等所有节目排练结束后才上台。等待的过程因为疲惫和辛苦显得有点漫长，但袁树雄的心里充满感激和感动。在人生的这本书上，他不知经历过多少次等待，再等一次算什么？何况，这是充满期望的等待！

也许是太过劳累，不到半小时，袁树雄躺在板凳上睡着了。睡梦中，好像有人轻轻扶起他的头，将它放在一个软绵绵、暖乎乎的枕头上。他做梦了，梦见儿子在身边。原来，袁旦看到爸爸躺在硬板凳上睡着了，就把身上的衣服脱了下来，盖在爸爸身上，还让爸爸的头枕在自己腿上。

没多久，袁树雄被儿子叫醒："爸爸，导演喊您排练了。"袁树雄爬起来，整理了一下衣服，迅速走到导播身边，拿起话筒，戴好耳麦，大步流星地走向了舞台。这时候，已经是凌晨1点。

第一次站在一个这么大的舞台上，袁树雄的心里抑制不住激动，年轻时候的梦想，马上就要实现了！因为第一次跟舞蹈演员配合，排练不那么顺畅，唱的唱，跳的跳。时间太晚了，排练了一次之后，导演宣布今晚排练结束，并叮嘱大家注意看群信息。

紧张忙碌的一天结束后，导演组把袁树雄送到演员驻地，已是凌

参加湖南卫视 2022—2023 跨年晚会

晨2点。来不及整理东西与洗漱，袁树雄倒头就睡着了。清晨醒来，他打开手机，看到几条重要信息，都是说的下午2点紧急排练，《早安隆回》要把整曲4分22秒全部唱完，歌手站位由副舞台转到主舞台。

原来，凌晨的排练后，导演组发现了《早安隆回》在舞台上释放的超级能量，决定大胆启用袁树雄这个草根歌手，并把他的演唱时间调整到晚会的黄金时间段。导演组还决定，演出前，现场循环播放《早安隆回》预热，让观众熟悉歌曲，以便现场大合唱，形成互动。

看到这些信息，袁树雄睡意全无，疲劳顿消。他一是开心，二是感叹：湖南卫视真的是一支敢于创新、勇于挑战的高品质团队，竟然敢把自己这个名不见经传的歌手放在黄金时段演出！他想，我当竭尽所能，不负湖南卫视，不负电视机前的观众，不负隆回的父老乡亲！

《早安隆回》空降湖南卫视跨年晚会这种突破常规的举动，自然是记者追踪的热点，湖南的各大媒体几乎同时捕捉到这个消息。从天亮开始一直到下午彩排前，袁树雄的房间挤满了前来采访的各路记者。对他们提出的各种问题，袁树雄一一作答。

记者：请问空降湖南卫视跨年晚会，您是什么心情？

袁树雄：这是我的一个梦，是我一直以来在奋斗的一个梦。由于自己几十年的坚守，今天终于圆梦了。

记者：请问上这么大的一个舞台，您做好准备了吗？

袁树雄：我没有去做准备，因为我时刻准备着。

下午 3 点，导演组来人把袁树雄接到了排练大厅。这一次，导演对袁树雄说："现在的站位是主舞台，音乐开始前先站好位，演出的第一段可以自由发挥，舞蹈演员们会跟随你的脚步与观众互动；中间的间奏开始后，你带领舞蹈演员们从主舞台快速往副舞台转移，在那边把歌曲的第二段唱完；最后结束部分，你站在副舞台中心的位置。"

袁树雄把导演说的每一个细节一字不漏地记在心里。正式的排练开始了。随着动感的音乐，袁树雄走向舞台，情不自禁地说起了开场白："大家好，我是袁树雄，你们'阳康'了吗？我'阳'了，但是我'康'啦！2023 让我们一起，勇敢地向前行！"

随着伴奏，他唱了起来，每一个动作，每一次互动，都与现场正式演出没什么区别。排练结束后，导演连声夸奖他，并对所有的舞蹈演员说："要向袁老师学习！"接下来又排练了两三次，导演开心地说可以了，晚会直播时，大家就按刚才这样走。

袁树雄是个追求完美的人，他总想把最美好的一面展示在观众面前。下了舞台之后，他不确定自己彩排时说的那些话在直播时是否合适，特意咨询工作人员。工作人员请示台领导后说："袁老师，您就这样说吧！"

下午 6 点，袁树雄准时到达后台，化妆师先给他化了点淡妆，发型师给他弄了一个帅帅的发型。晚上 9 点多，袁树雄对着镜子再次整理自己的发型与服装，自信满满地跟着导播走进了直播大厅。他难掩心中喜悦，默默地对自己说："《早安隆回》即将登场献唱啦！"

上一个节目结束后，袁树雄带着舞蹈演员快速地走到舞台中央。在主持人汪涵、何炅报幕时，他给自己鼓劲，一定要用自己的热情和活力，点燃观众心里的激情，给千千万万的观众带去希望和力量。音乐声响起，全场在他欢快节奏的带动下欢呼雀跃、掌声雷动。四分半钟的时间，观众的热情在燃烧。袁树雄挥手谢幕，观众意犹未尽。

当袁树雄走下舞台的那一刻，儿子第一个冲上来，大声喊着："老爸，您太牛了！您今天怎么表现这么神奇，我都激动得全身细胞跟着翻滚了！"也许是太激动，也许是"阳康"后嗓子经不起这么高强度的折腾，袁树雄抱着儿子，保持几分钟沉默。此时无声胜有声。

袁树雄此前也曾上过一些卫视节目。但这次湖南卫视跨年晚会黄金时段演出，给《早安隆回》带来了巨大流量，这首歌的播放量已从110亿增加到300亿次左右。央视春晚之后再掀《早安隆回》播放潮，网民纷纷将新春祝愿短视频配上《早安隆回》发布于各个平台。

因各种力量的汇聚，《早安隆回》的抖音播放量以不可思议的速度增长。据2023年6月播放数据，《早安隆回》抖音播放量约千亿，加上快手、微信视频公众号、酷狗、酷我、QQ音乐等平台，全网播放量突破1400亿。

首登央视春晚

走过许多弯路，如今更多的是坦途。

湖南卫视跨年晚会结束没几天，湖南卫视春晚导演组就向袁树雄发出邀请，准备安排他在小年夜的舞台演唱《早安隆回》。从那一刻起，袁树雄时刻准备奔赴长沙，参加特别期待的小年夜春晚演出。

一切按计划进行着。袁树雄提前一天到长沙并入驻湖南卫视春晚剧组。休息一天后，剧组安排他到演播大厅进行第一次彩排。

湖南卫视春晚的演播大厅与跨年晚会的演播大厅完全不一样，跨年晚会的舞台非常大，主舞台的端口到副舞台的背景处有两百多米；而春晚的舞台是圆的，不大，但是家的氛围特别浓，一片中国年的新春气氛。

第一次彩排顺利结束后，袁树雄回到酒店，打开电视准备看看新闻，他的手机突然响了。打电话的是央视春晚导演组。电话那头的工作人员要他从现在开始，不在任何演出场合包括媒体出现，并做好随时赴北京参加中央电视台2023年春节联欢晚会的准备。

这简直是一个天大的惊喜！

在这之前，袁树雄曾接到过央视导演组邀请他上春晚的电话，他将信将疑。对方询问他歌曲的版权并发来一份《早安隆回》版权协议书。当袁树雄看到寄件地址是中央电视台后，他才确信无疑，并签了协议。他想，不管能不能上央视春晚，自己全力配合就是。这首歌本来就是歌颂家乡、歌颂祖国的，能够为国家级平台所用，将是多么荣幸！他突然有了一丝预感，《早安隆回》有可能上春晚！

袁树雄万万没有想到，这么好的运气真的降临到自己的头上！兴奋几分钟后，他又为难起来，自己即将登场参加湖南卫视的春晚，该怎么办？

袁树雄对湖南卫视心存感激。他知道，湖南卫视对他关爱有加，不但让他参加跨年晚会，还打算让他参加小年夜的春晚，并且官宣了此次活动。自己已经参加节目彩排，如果临时变卦，湖南卫视的节目怎么调整？现在离小年夜只有两天了。除此之外，袁树雄还答应了全国总工会在北京和湖南省文旅厅在长沙的演出。这一切都必须停止，而且还不能解释，因为央视春晚的大部分节目不到最后一刻不能确定。

忙而不乱，急而不慌。当晚，袁树雄连夜向有关部门领导汇报，一直到凌晨4点，他还在不停地拨打北京、长沙、邵阳、隆回的电话。回想起来，那一天是他有生以来最累的一天。

第二天吃过午饭，袁树雄忽然晕倒了。当时守在他身边的儿子袁旦后来说，父亲当时有气无力，全身冒虚汗，呼吸困难，差点昏迷……袁旦连忙拨打紧急呼救电话。10分钟后，袁树雄的难受劲稍微缓解了一点儿，袁旦端来温水，用热毛巾给父亲擦拭全身。袁树雄喝了点温水，躺在床上，觉得似乎大病降临。

在袁树雄不停奔波的时候，家乡领导也在时刻关心着他。县领导得知这一情况后，当即从县人民医院抽调一名专业医生、从县委宣传部指派一位同志专程到长沙，给袁树雄做起了全程陪护，帮助他协调参加央视春晚的事务性工作。

第二天，袁树雄去湖南省人民医院做了全身检查，被告知身体没有大碍，是"阳康"的后遗症，主要是身体没有得到休息与调养所致。在得知自己的身体没有大问题后，袁树雄一行在长沙休养了一天，便动身去了北京。

湖南春晚导演组的格局大。尽管调整节目困难重重、牵一发而动全身，但导演组仍全力配合央视春晚的工作。全国总工会也理解和支持袁树雄。湖南省文旅厅的演出，因为是自家人，就更好打商量。袁树雄心中感到无比温暖，自己前行的路上，有多少人为他加油助力啊！

到北京后，大家住了下来，并与春晚导演组随时保持着联系。第二天，导演组没有安排排练。第三天，导演组的都导给袁树雄打电话，说导演组反复开会研究，决定由全国各行各业的百名代表来演唱《早安隆回》这首歌，而袁树雄作为歌曲原创作者，会坐在春晚现场观众席的第一排观看表演。

听完都导的话，袁树雄心里有一连串的问号：原唱本人到了北京，为什么不让上场演唱？不过都导接下来的话让他心中的疑惑解开了："央视是人民的舞台，我们的文化艺术要以人民为中心。您的歌曲由全国各行各业的百姓歌手来演唱，更有意义。我们安排您坐在第一排，您代表的是大国工匠，只有给祖国作出过重大贡献的人，才有机会坐在这样的座位上，这也表明了央视对您作品的肯定与重视。"

都导的话让袁树雄明白了央视的良苦用心。自己的作品能上央视春晚，本身就是一个巨大的成功，何况自己还坐在观众席第一排，这本身就是央视对自己的肯定。都导反复告诉袁树雄，节目直播中，会有袁树雄的个人特写镜头。

一切的一切，似乎已经是最完美的安排。袁树雄唯一担心的是，那些一直盼着他上春晚的粉丝们没看到自己上场，心里可能难受，因为他们并不清楚央视的用心安排。

春晚倒计时的最后一天，袁树雄去现场带妆彩排。坐在第一排，袁树雄听着自己的歌在央视春晚的演播大厅响起，激动的、幸福的泪水夺眶而出……

彩排结束后回房休息，袁树雄开始一一回复信息。这段日子以来，朋友们一直追问他有没有可能上春晚。不到最后一刻，袁树雄无法确定，因此也一直都没有正面回应他们。今天终于看到节目单，袁树雄这才拿起手机一一回复他的家人和朋友们：

明天晚上，2023春晚见！

参加 2023 年央视春晚

春晚流程紧凑而有序，环环相扣。

按照剧组规定，袁树雄中午2点来到演播大厅。大门口排起了长长的队，都是等待入场的演员，都导特意跑到门口来接袁树雄。经过身份检查验证后，袁树雄到了演员休息室。

一进大门，里边好不热闹，大家都非常珍惜这来之不易的机会，在拍照留念。袁树雄先去化妆间找化妆师简单化妆后，也回到走廊，用手机记录下了一幕幕难忘的时刻，并为家乡的媒体、身边的亲人和朋友录制了一段又一段新年祝福短视频。因为这是在央视春晚的演播大厅录制的短视频，袁树雄感觉特别有意义！

下午5点，参加春晚的所有演员都被邀请到舞台上，拍摄各自节目的集体照。

下午6点，中央电视台CCTV-1综合频道负责人走到袁树雄跟前，请他于晚上7：50准时赶到隔壁央视直播间参加直播前的电视采访，并要他在采访现场演唱《早安隆回》。

下午6：50，全体演员吃盒饭的时间。大家手捧着盒饭，互相祝福新年。这是袁树雄第一次离开家人的年夜饭，尽管北方的饭菜不合他这个南方人的胃口，但他内心充溢着满满的兴奋与激动，早就不在乎饭菜的滋味。

晚上8：00，央视春晚准时开始。

从记事的时候开始，袁树雄最爱看的、从来没有缺过一场的电视节目，就是央视春晚。每次他都要提前准备好录音机，把春晚节目从头至尾录下来，作资料保存。今天，他居然坐在央视春晚的现场，近距离地观看节目，感觉自己像做梦一样。

"千年等一回，我也无悔。"这一刻，袁树雄等了几十年。

晚上9：40，激动人心的时刻到了。看着演员们精神饱满地上台，袁树雄知道他们的《早安隆回》即将激情绽放。现场的旋律响起，舞台上百名百姓歌手激情演唱……袁树雄心潮澎湃、热血沸腾，他眼含热泪，跟着大家也唱出了声：

你是那夜空中最美的星星，照亮我一路前行。你是我生命中最美的相遇，你若安好便是晴天……

LAISHI DE LU

来时的路

被上帝咬过的苹果

逐梦音乐

被上帝咬过的苹果

《早安隆回》里寄托的情感,不是隆回专属。但对袁树雄来说,"你是我生命中最美的相遇"却是家乡专属。

"隆回",因九龙回首的故事而得名。对于在这片土地上繁衍生息的生灵来说,有着美丽山水、丰饶物产、厚重底蕴、深远文脉的隆回,何尝不是他们生命中最美的相遇。

隆回人崇德尚学,对文化的热爱刻在骨子里,流在血液里。他们世世代代有写文章、作诗词、题楹联、唱小调的浓厚风气。这里自古便有喜欢乐舞的传统。汉代王逸在他所著的《楚辞章句》中说,"楚国南郢之邑,沅、湘之间,其俗信鬼而好祠,其祠必作歌乐鼓舞以乐诸神"。

像袁树雄这样草根出身的原创歌手,正是因为深受家乡文化滋养,融入地方文化的脉动,才有了今天的厚积薄发、一曲成名。

袁树雄的祖籍是湖南省邵阳市隆回县高平镇。他的祖辈移民到隆回县桃洪镇,从父辈开始,在桃洪镇三合街定居。父亲靠着打铁这门手艺养活了一家人,虽然条件艰苦,但也其乐融融。袁树雄就出生在这样一个平凡而温暖的家庭里。网上流传他是毛泽东国文老师袁吉六先生的后辈,其实他家与袁吉六先生都是一个祠堂出来的,袁树雄是第四代,说起来,都是一家人。

在西方文学里有这样一个故事。有个孩子从小双目失明,懂事后的他为此深深烦恼,认定是老天惩罚他,对未来的人生失去了希望。后来,一位老师对他说:"世界上的每个人都是被上帝咬过一口的苹果,都是有缺陷的。有的人之所以缺陷比较大,是因为上帝特别喜欢他的芬芳。"

全家福(小学时拍摄)

为此，孩子很受鼓舞，从此把失明看作上帝的偏爱。若干年后，当地出了一位有名的盲人推拿师，这位推拿师就是原先那个盲童。

袁树雄就是那颗因为被上帝喜欢而重重地咬了一口的苹果。他小时候体弱多病。儿时记忆最深的，便是每天要打针。母亲对他

小学时的三兄弟

说，别人出麻疹一般是三天后痊愈，而他仅出了一天就结束了。可能是因为体内的麻疹毒素没有完全排出，随后的日子，袁树雄的身体慢慢出现异样，腿走路有点不方便了，有时上厕所也要扶着板凳走。

父母着急了，带他去当地的卫生院看医生。医生初步诊断是患上了小儿麻痹症。袁树雄年纪小，每天要打针吃药。每一针扎下去，疼在袁树雄身上，痛在母亲的心上。看着自己的孩子遭受这样的折磨，母亲连睡觉都把他抱在怀里。后来，袁树雄为人父后才体会到，父母当时心里有多疼。

这样痛苦的日子持续了几年，父母甚至担心，袁树雄是否能走出这条命运的黑暗之路。最终，老天还算眷顾，小小年纪的他最终从病魔的手中逃出来了，只留下一点点歪嘴的后遗症。

东方红小学创办于20世纪初，原名为桃花坪中心小学，是隆回县最早的公办小学。袁树雄在这里读小学。尽管顽皮，但是袁树雄的学习成绩却一点也不差，老师经常拿他的作文当范文在班上朗读。他的数学成绩也不错，经常得满分。有一次他参加学校的数学竞赛，得了第三名，奖品是一支玉米模样的钢笔。到现在，袁树雄还清清楚楚地记得这些事。

袁树雄的父母文化水平虽然不高，但很有远见。那个年代的人深知一句话：身体是革命的本钱。如果自己的儿子身体不好，以后做什么事就都没有本钱了。于是，父母决定让还在读小学的袁树雄加入隆回县业余体校，进行田径训练。

就这样，不向命运低头的袁树雄开始了人生的第一次逆袭：从体弱

小学时的袁树雄

多病的儿童成长为一名体育特长生。

每天清晨，当同龄的孩子还在甜美的梦乡中时，袁树雄已经起床去体校训练。跑步动作平衡、前倾快频跑、直腿跑、小步跑、后踢腿跑……袁树雄从不偷懒，不怕苦，不怕流汗。

在桃花坪中学读初中时，袁树雄一边学习，一边坚持体育训练。初三开始，他改打排球，曾代表隆回县参加邵阳市的排球比赛，获得了男子团体赛第三名的好成绩。后来，袁树雄作为体育特长生被招进隆回一中读高中。隆回一中，原名松坡中学，是纪念爱国名将蔡锷而以其字"松坡"命名的中学。校园松柏叠翠、桃李争妍、书声琅琅，是湖南较早的重点中学。长期的体育锻炼，让袁树雄更加懂得了生命的意义，懂得了不到终点决不能停止向前奔跑的步伐。

渐渐地，袁树雄成了一个"多面手"。除了学习和体育训练，他最喜欢的就是唱歌。在毕业晚会上，他演唱的两首歌《小城故事》与《莫愁啊莫愁》给同学们留下深刻印象，很多同学到现在还对此记忆犹新。毕业时，老师让同学们写篇作文《我的理想》，袁树雄在作文里畅想自己未来在艺术上取得了很大的成就，出国演出后载誉而归，给母校报喜，等等。

如今，袁树雄真的接到很多国家的演出邀请。回想往事，他真是感慨万千。

逐梦音乐

在袁树雄的记忆中,父母很和睦,从来没有吵过架。父亲的幽默与热心肠在三合街出了名。母亲经常把"辛苦钱,万万年"的这句话挂在嘴边,来鞭策自己的子女。直至今日,袁树雄还经常以此来告诫自己。父母还有一个共同的爱好,喜欢哼唱几句地方小调,也经常会带袁树雄去文化宫或人民会场看戏。几岁的袁树雄看完后,居然能够把小戏的高潮部分完整地唱出来。

家乡流行的戏是祁剧。唱腔中包含数种声腔,对润腔、口法、用气、发声都有非常严苛的要求:老生用沙音以显苍老,小生用子音以显文秀,旦角用窄音以显秀媚,花脸用霸音或喝音以显粗豪。祁剧表演风格的最大特点就是擅长抒情,表演细腻,旋律典雅,是非常难学的腔系。袁树雄却不觉其难,并乐此不疲。后来,袁树雄成为流浪歌手,去过的大部分地方,如长沙、乌鲁木齐、福州、广州等,恰恰都是有祁剧流传的地方。

那时,广播里有一档节目叫《每周一歌》。每次喇叭里传来歌声,袁树雄都会仔细地听、认真地学。哥哥买的一台电唱机也基本成了他的"专享"。袁树雄还会把家人给的为数不多的零花钱积攒起来,去买一张自己喜欢的唱片。正因为对文艺的热爱,袁树雄9岁就考取了隆回县祁剧团。

那次,袁树雄在上学的路上听同班同学说县祁剧团在招演员,于是瞒着父母,一个人偷偷去参加考试。真是初生牛犊不怕虎,在考场面试,第一次面对那么多考官,袁树雄居然一点都不胆怯,唱得轻松自如。评委老师们都被他动听的歌声打动了。当时考试的歌曲,袁树雄现在都还记得这么一句歌词:"我爱我的台湾啊,台湾是我家乡。"

音乐,在袁树雄的儿时记忆里,留下了太多不可磨灭的印记。而偏偏那么喜欢音乐的一个人,却在学校的一次文艺晚会歌手选拔中遭遇了一场不小的遗憾。

每年的六一儿童节,学校都会组织大型的文艺晚会。小学四年级的六一节前夕,袁树雄的班上要选30多个同学去参加大合唱。下午放学前,音乐老师挑选同学,大家都从座位上站起来。袁树雄最先站起来,酷爱音乐的他太希望自己能被老师选上了!但是,老师的一次次点名,都没有他。最后只剩下几个名额时,老师还是没有任何选择他的意思。这时候,隔壁高年级的几个大一点的学生经过,也靠近窗户看热闹,他们在窗外大声喊着袁树雄的名字,袁树雄也暗暗给自己打气,期待老师能够听到他们的声音,选择自己。遗憾的是,老师最终还是没有选择他。

袁树雄已经记不清那个音乐老师的名字了。他想,假如那位老师知道，当初落选的学生，如今已是现象级的当红歌手时，她肯定会很开心。通过这件事，袁树雄也告诉自己，偶尔的失败或者落选，不要太过介意，因为人生本就充满了曲折和坎坷，坚定自己的目标，只管大步向前！

初中升高中时，袁树雄作为体育特长生被招入隆回一中。高一的时候，有一天中午放学回家，袁树雄突然看到卧室的床上摆着一把吉他，他感到很新奇，忍不住用手轻轻拨弄了一下琴弦，一阵悠扬的声音传出。他一把抱起了吉他，胡乱拨弄着，兴奋不已。原来，这把吉他是二哥从部队复员带回来的。于是，袁树雄缠着哥哥教他弹吉他。

因为有拉二胡的基础，袁树雄学吉他很快就入门了。二哥把吉他最基本的乐理知识、六根弦的定音、简单的和弦与节奏都教给袁树雄。常言道，兴趣是最好的老师。因为袁树雄特别喜欢吉他，于是他自觉地、拼命地练习，进步神速。一个多月的时间，他就赶超上了二哥。半年之后，袁树雄就背着吉他，去邵阳市参加比赛，并以超越第二名不少的高分，勇夺冠军。

就这样，以体育特长生进入隆回一中的袁树雄，开始了人生第二次逆袭，选择了自己的爱好与理想，从体育特长生变成了艺术专业生。他积极参加学校的文艺活动，并且几乎包揽了学校文艺比赛所有的歌唱冠军。

袁树雄的姐姐是湖南大学邵阳分校（现并入邵阳学院）的老师，她一直关注弟弟的成长。看到弟弟在艺术上一天天进步，并且取得了市、县级音乐比赛的好成绩，姐姐由衷地为他高兴。有一天，姐姐给他寄来一封信,信里面有《年轻人》杂志上刊登的"湖南省首届吉他大奖赛"的通知。看到比赛消息,袁树雄非常兴奋,恨不得能立马参加。

比赛的时间到了,从没出过远门的袁树雄背着二哥买的吉他,第一次坐上火车。由于没有买到座位票,他只能一路站着,中途不吃不喝也没上洗手间,就这样连续站了六个多小时。也许是因为第一次坐火车感到新鲜,也许是从没出过远门有点胆怯,反正袁树雄就这样懵懵懂懂地到了长沙。在长沙进修的二哥来火车站接他,花了15元给弟弟买了件黄色的参赛服,因为兄弟俩觉得,黄色在舞台上亮丽抢眼。

多亏袁树雄平常刻苦练习,打下了比较扎实的功底,当他登上参赛舞台开口唱第一段时,观众席上就响起了掌声。袁树雄心里觉得,大家应该是很喜欢他唱的歌的。不出所料,他顺利地晋级,通过了初赛、复赛、半

高中时的袁树雄

决赛。最后，袁树雄演唱了《乡情》《枫叶红》《听听你的声音》，进入了决赛。

一个从未见过世面的农村小伙，第一次出远门，第一次参加省级大赛，居然最后夺取了"湖南省首届吉他大奖赛"吉他弹唱三等奖，那是他做梦也没有想到的。这对袁树雄来说，是一种莫大的认可和激励。

音乐是很需要信心的，而这一次大赛的成功经历，给足了他信心。也就是从那一刻起，袁树雄做出了决定，今生今世，就走音乐这条路！

高中时的三兄弟

姐姐是袁树雄人生道路上的指引者。比赛的奖品中有一件比较贵重的名牌风衣。他把这件漂亮的风衣当作礼物，送给了姐姐。姐姐开心得不得了，不只是因为这件风衣，而是从弟弟的身上看到了他今后艺术道路上的曙光。从此，姐姐更加注重对弟弟的艺术培养。她把袁树雄带到邵阳市，专门找邵阳师范学校的一位老师教他拉手风琴、唱歌。她还带袁树雄去医院检查嗓子，医生说他有慢性咽炎。袁树雄于是果断地下了将来决不抽烟的决心，他也因此一辈子不抽烟。当姐姐看到弟弟眼睛近视，又帮他配了第一副眼镜。

高三了，袁树雄暂停文化课学习，腾出大半年的时间去邵阳学习唱歌和钢琴。在姐姐、姐夫的支持下，袁树雄立志报考中国音乐学院。中国音乐学院被誉为"中国音乐家的摇篮""中国音乐的殿堂"，是很多人梦寐以求的学府，但全国限招10人。袁树雄参加了中国音乐学院的专业考试并顺利入围，之后回学校进行文化课备考。

那时的艺考没有今天这么广为人知，没有艺考高考复习班可读，也没有老师进行"一对一"的辅导，更没有一套有效且适用于艺考生的文化课辅导资料。于是，袁树雄回到原班级，与那些从未缺过课的文化生一起上课。没有上过高三第一轮基础知识复习课的他，直接进入高三第二轮专题知识复习。最终，因为文化成绩没过关，他高考落榜，遗憾地与中国音乐学院失之交臂。

高考是一座独木桥，袁树雄被挤了下去，失去了进入高等学府深造的机会。回想起这些，袁树雄觉得，也许那个时候自己定的目标太高了，

袁树雄的姐姐

不应该第一次就报考中国音乐学院这样的高端学府。假如能踏实地选择一些门槛低的学校，自己可能会早一点进入大学深造。

高考落榜，对于一些人来说，是一件令人沮丧而且痛苦的事。袁树雄也曾苦恼过、失落过，但他并不后悔。因为作为高中音乐专业生，他系统地学习了声乐专业知识，并且学会了架子鼓、吉他等乐器，为今后的演唱事业打下了良好的基础。

在音乐的道路上，能够走到今天，袁树雄很感激他的姐姐。在人生的十字路口，姐姐无数次给他指点方向，让他看得更高、走得更远。9岁那年，袁树雄考取了隆回县祁剧团。在很多人眼中，那是一个"铁饭碗"，是国家发工资的单位。当时，父母非常高兴。因为家里兄弟姐妹多，年纪小的三兄弟都在读书，母亲又没有工作，所以看到小儿子这么小就找到工作了，父母自然特别高兴。两个月的专业培训结束，等到袁树雄要办理入职手续的时候，姐姐出现了。姐姐当时在隆回一所中学教书，她听说家里9岁的弟弟准备辍学参加工作，表示坚决反对。她说，小学都没毕业，没有文化，将来长大了在这个社会上怎么生存？

当时，父母很不理解。姐姐反复做他们的工作，说家里还没有穷到读不起书的地步。在姐姐的劝说下，父母终于松口了，袁树雄也与自己的第一份工作擦肩而过，获得继续读书的机会。

"如果没有姐姐的远见，没有姐姐的坚持，只看到当时那点工资，只有小学文化就不读书，我现在可能就只是一个祁剧爱好者而已。我真的感谢我的姐姐！"袁树雄经常这样说。

BENFU SHANHAI

奔赴山海

———

从湖南北上新疆

电大"充电"

签约唱片公司

发行第一张专辑

成为公益达人

从爱情、恩情、友情到亲情

———

从湖南北上新疆

袁树雄是家中最小的孩子，排行老五。因为家里孩子多，母亲又没有工作，所以家里一直过得比较拮据。每年孩子们过生日，父母也只是煮两个鸡蛋或者买个包子庆祝一下。孩子们唯一的零花钱就是过年的压岁钱。钱也不会太多，有时一块，有时两块。小时候，袁树雄拿到压岁钱，转头就会拿去买鞭炮，然后一个个地拆开，单独点燃，因为这样可以玩得更久一点。

等袁树雄稍微长大一点，到了初中，压岁钱就用来购买磁带与唱片了。听音乐，成了他最大的爱好。听着磁带与唱片里面的歌手唱歌，袁树雄心里梦想的的种子慢慢发芽：长大后一定要像他们一样，发行一张属于自己的专辑，站在舞台上骄傲地唱歌。

既然无缘自己心仪的大学，那就沉入自己喜欢的音乐吧。高中毕业的袁树雄自学了很多歌曲，在经历了多次大赛的历练后，开启了走南闯北的演唱生涯。

袁树雄开始打拼的第一站，在离家最近的邵阳市。当时邵阳市新开了一家舞厅，叫百乐门，需要驻唱歌手。因为他之前在邵阳市吉他比赛中获过一等奖，给百乐门老板留下过联系方式，老板就托人来到隆回，邀请袁树雄到舞厅驻唱。对于刚刚步入社会的袁树雄而言，他太需要这样的锻炼机会了，而且收入也不错，每天5元钱。这对于家庭条件不是很好的袁树雄来说，已经是相当不错的待遇，他非常满足。于是，袁树雄启程来到邵阳，开始了一个人做饭、一个人追梦的生活。

那时的舞厅，每到夜间，霓虹齐放。舞池里的男男女女在极具冲击力的节奏和五彩缤纷的迪斯科灯光下尽情舞动。其实，袁树雄也很喜欢跳舞。面对灯红酒绿，他也想放松一下。但他很清醒：我不是顾客，我是歌手，我是来唱歌的。如何把每一首歌唱好，得到观众的喜爱和认可，并且不断提高自己的演唱技巧，这才是最重要的。多年以来，他一直这么想，一直这么做。

袁树雄喜欢每天在舞台上唱歌。他经常唱自己最喜欢的歌手齐秦的歌。虽然每天熬夜苦了点、长时间唱歌累了点，但袁树雄还是觉得，自己辛苦却快乐着。

时间一晃就是5年。在舞厅5年的日子里，袁树雄磨炼自己的唱功，还利用业余时间参加了北京某音乐培训机构的函授学习。这是继高中之后，袁树雄第二次系统地学习音乐专业知识。在学习过程中，袁树雄的音乐技能不断提升。大约一年后，袁树雄只要拿到歌谱，马上就可以上台演唱，他也因此成为邵阳百乐门舞厅的"台柱子"。

随着袁树雄的演唱水平越来越高，他在邵阳市拥有了越来越多的粉丝，舞厅里点他唱歌的观众也越来越多。袁树雄的工资从刚入行时的 5 元，增加到每天 10 元，而且还有点歌费分成。这在当时的邵阳，算得上是高收入了。

机遇总是伴随着遗憾。在邵阳工作的这 5 年，袁树雄两次与好机会擦肩而过。第一次是二炮某部队文工团来邵阳特招征兵。参谋长听说有个叫袁树雄的歌手唱歌不错，带队来到百乐门舞厅，在台下听袁树雄唱了三天的歌。最后走到他身边，说很希望他能去他们部队文工团，在部队发挥自己的特长。袁树雄有些心动，他还特意问了转业后的安置问题。参谋长回答说，籍贯在哪就安排在哪工作。那时候，袁树雄年轻，想问题也简单。为了追逐自己的音乐梦，他更想留在大城市里工作，因为只有大城市才有舞台，让他发挥一技之长。而当时的隆回没有适合他的演出场所，回到小县城工作，相当于失去了很多在艺术道路上的机会。因此，他没有征询任何人的意见，便婉言谢绝了。

直到现在，袁树雄还有些后悔当初没能去部队历练一番，去体验一下军营的激情与温暖。因为对他来说，那将是音乐的一片新天地，说不定会给自己的音乐创作和演唱增加另一种活力与元素。至于转业后的事，有道是车到山前必有路，当时的自己为什么没想到这一点呢？

不久之后，又有一次好机会来临。有位香港老板来邵阳办事，在舞厅听了袁树雄的歌之后，非常喜欢，想挖他去香港发展。老板告诉他，香港那边除了高薪，还可以给他更多在大平台展示的机会。袁树雄确实需要高薪，但更向往那些平台。然而，当时的舞厅老板担心袁树雄这个"台柱子"离开后生意会受到影响，便用各种方式加以阻拦，跟袁树雄反复强调在外的风险。因为从未离开过家乡，真的到了要出远门，尤其是要到离家千里的香港发展时，袁树雄心中还是有几分犹豫和胆怯。于是，他打消了去香港的念头。

在邵阳唱歌多年，袁树雄渐渐地有了名气。一次偶然的机会，他引起了当时湖南邵阳湘运集团有限责任公司负责人的注意。时任公司工会主席的李林祥来舞厅听歌，果断地以特殊人才引进的方式把袁树雄招进了湘运公司。因此，李林祥主席成了袁树雄生命中的第一个知音。在湘运公司的那段日子里，袁树雄参加了单位在邵阳地区组织的巡回慰问演出，并代表公司参加湖南省湘运系统的文艺调演，获得歌唱类的冠军，载誉而归。

之后，广东省珠海市一家夜总会力邀袁树雄加盟。从此，袁树雄走遍广东、浙江、福建、贵州、西藏、新疆等地，演出足迹几乎遍布大半个中国。在福建石狮演出时，袁树雄结识了创作过《快乐老家》《幸福万年长》等众多脍炙人口的歌曲的著名音乐人浮克，两人成了朋友。

在漂泊不定的日子里，所有的城市中，袁树雄停留时间最长的是乌鲁木齐与福州。1995年，袁树雄在广东跑场时，结识了一支新疆乐队。当时，乌鲁木齐刚好有一家歌厅开业需要歌手，乐队就联系了袁树雄。那时，袁树雄正好在老家休息，他一听就背起行囊，只身一人去了乌鲁木齐。

新疆的歌厅与湖南的不太一样。湖南的歌厅经常会在演唱中穿插一些表演。湖南文艺氛围浓厚，袁树雄长期在家乡耳濡目染，加上自己在艺术上的刻苦努力，慢慢地形成了集唱歌、主持、表演于一身的多元演出风格，十分受观众欢迎。短短半年，袁树雄在乌鲁木齐就已小有名气，并成为很多歌厅争相邀请的人选。1996年，袁树雄参加了新疆卫视举办的"3·15"晚会。他也经常被高薪邀请去喀什、吐鲁番等地做特邀嘉宾，并认识了一些当地的朋友。没事的时候，袁树雄喜欢坐公交车去乌鲁木齐的二道桥集市，买些新疆音乐磁带回来听。

新疆人性格热情奔放，不管是行走在路上，还是在田地里劳作，只要一听到音乐，他们就会停下来，如醉如痴地跳起舞来。新疆维吾尔族的传统音乐继承了龟兹乐、高昌乐、伊州乐、疏勒乐、回纥乐和阿拉伯乐的艺术传统，保留着浓厚的民族特色和地域风情。袁树雄很喜欢新疆的音乐，认为它充满激情、旋律独特而且动听。新疆的音乐对他的创作影响很大，他的不少音乐作品中都能看见新疆音乐的影子。

电大"充电"

在新疆当了3年流浪歌手,因路途遥远,袁树雄从未回过家乡。那段时间,姐姐总对他说:"弟弟,一辈子当漂泊的流浪歌手没有出头之日,你应该回来读书。你如果想在音乐的路上走得更远,就必须到大学里进行更深入更系统的学习。"

在新疆这片热土上,袁树雄找到了歌唱最本真的感觉,事业也逐渐起步。放弃一切,回到大学学习,对于他来说,谈何容易?袁树雄思考着姐姐的话,这是无数次在关键时刻给他指点迷津的姐姐对他说的。他沉默了,因为在多年的漂泊和闯荡中,他也深有体会,知识是多么重要。

最终,他毅然决定回家复习,重拾学业。1997年,袁树雄离开新疆回到家乡隆回,考取了湖南广播电视大学(后更名为湖南开放大学)艺术系作曲专业。经过社会的磨练,袁树雄多了一份自觉与自信,开始了人生第三次逆袭,在追求音乐人生的道路上,从一名音乐流浪儿成为一名音乐专业的大学生。

当时，湖南广播电视大学直属分部艺术系一个年级有一百多名学生，袁树雄担任班长，还是校学生会的干部。

在这里，袁树雄遇到一位德艺双馨的作曲家——恩师李培生老师。李培生老师毕业于广州音乐学院作曲专业，对湖南民歌有深入研究。当时，李老师只带4名学生，袁树雄其中年纪最大的。那时，一个星期只有两次作曲的大课，其余均为小课。上小课时，最多4个学生，有时只有袁树雄一个学生。李老师的课主要是教作曲的方法、和声，还有各种器乐的性能和特色，并要求学生掌握湖南的民歌特色。二十多年后，李老师对当时的教学场景依然记忆犹新："当时是大专班，要把本科五年的知识在两年之内教完，于是我就很少讲理论，直接讲作曲的基本方法。每节课后都布置作业，譬如，将四句歌词或六句歌词，用重复、对比或其他的方法作曲。又譬如，把四个小节发展为八个小节。袁树雄基础很好，学得认真，作业完成也很好，作曲的技法完全能得心应手了。"

当年的校领导乔力平老师，25年后还记得袁树雄这个学生："当年学校与省文化馆合作办学的群众文艺专班上有不少文艺苗子，袁树雄是很勤奋很努力的一个学生，他对生活有投入、有感触、有积累，对音乐不放弃、不抛弃。"

在《早安隆回》走红之后，袁树雄于2023年3月回访了湖南开放大学，见到了过去的大学老师，并应邀为学校创作校歌。袁树雄非常怀念在母校的这段美好时光，从他的回忆中，可见他对母校的深情：

我是1997年通过成人高考迈入湖南开放大学校门的，当时叫湖南广播电视大学。我不是在校本部就读，而是在今天火宫殿旁边的一个地方，当时就读的是艺术系作曲专业。我是艺术系专科班的第三届学生。我是班长，所以同校领导和老师联系较多，对学校的感情自然要深一些。湖南广播电视大学的校友很多，我们这些校友基本上都是草根阶层。回想自己的音乐之路，我十分感谢母校对我的栽培。如今，我已毕业26年了，但我时常以自己是湖南电大的毕业生而自豪和骄傲。我一直保持着与大学老师的联系和情谊。每当下乡进村演出时，乡村干部常常会跟我说我们是校友。这是多么高兴的事。

湖南开放大学全景

在长沙的日子里，袁树雄仍在不断提高自己的创作水平。当时，歌厅是长沙最时髦的去处，长沙的歌厅与音乐茶座、酒吧等其他娱乐场所不同，它融合了歌舞、相声、小品、魔术等艺术形式，将品茶、观看演出和点歌听歌有机融合。歌厅的主持人和节目都颇具本土特色，环境打造也独具匠心。就内容而言，本土歌厅文化与剧场文化有机结合，雅俗共赏，把"精"的精到家，让"闹"的闹到家，使"笑"的笑到点子上。博大精深的湖湘文化被表演者们用通俗的方式诠释得淋漓尽致。

要想在长沙的歌厅站稳脚跟，得到观众的认可，必须有几把"刷子"。在长沙歌厅的3年多时间，袁树雄试着把大学里学到的知识和技法用到了作曲作词中。随着时间的流逝，他的主持功底也越来越深厚，除了唱歌，还出演各种小品，有了更多的粉丝和更大的名气，在音乐上又往前迈出了扎实而有底气的一步。

感谢姐姐，感谢无私教诲自己的恩师。知识就是力量，知识改变命运，袁树雄再次体悟了这个道理。

签约唱片公司

2002年,经朋友介绍,袁树雄来到福州发展,开始了另一个3年的演出生涯。

十多年来,袁树雄从未放弃要做一个音乐人的梦想。哪怕是走在乌鲁木齐、拉萨等地的大街上,他也在思考着音乐创作,思考着歌曲如何真实地反映生活;如何从湖南、新疆、西藏、福建、广东等地的特色民歌中学习,形成自己的特色;如何让歌曲通俗易懂,充分反映草根阶层的喜怒哀乐和真情实意。

福州是袁树雄演唱生涯中最安稳的3年。这得益于老板的赏识,不仅场地稳定,而且班底固定。像他这样多才多艺的演员,除了唱歌,还负责主持、演小品、编排节目等,袁树雄渐渐成了场地的小负责人。因为每天的工作时间较为固定,袁树雄有了更多的时间静心思考。他将生活中的经历、身边的人和事,尽可能地用音乐和小品表达出来,将平凡而又真挚的生活故事用艺术的形式再现出来。在这段时间里,他深深地体会到"生活即艺术,艺术即生活"的含义。

就这样,袁树雄用大学中所学知识反思自己的生活实践,将平凡的生活谱成歌曲,实现了自己人生的第四次逆袭——从草根音乐人跃进为专业音乐人。在福州的 3 年,是袁树雄创作最活跃的时期。这期间的作品展示了他作为音乐全才的潜能。

在福州,袁树雄开始更大胆的音乐创作,他的首张专辑的大部分歌曲,如《苦咖啡》《恋爱宝贝》《生活禅》《十七路空调大巴》,都是这段时间创作的。

《十七路空调大巴》一歌的创作灵感,来源于山东一个叫"诗书"的朋友的恋爱故事。歌曲在当时的网络聊天室很流行,被很多网友传唱,CCTV-4 国际频道《远方的家》栏目还播放了这首歌。为了答谢袁树雄,诗书特意帮他免费制作了一个叫"阿袁哥音乐网"的个人网站。在网站上,袁树雄想通过这个平台,让更多的人听到自己的作品。

功夫不负有心人。就在刚把新歌《苦咖啡》挂到网站的第二天,袁树雄从歌厅演出完回到宿舍,像往常一样打开电脑,翻看网站里面粉丝的留言时,一段文字映入眼帘:"您好,听了您的歌感觉很好,我们想与您合作发行唱片,方便的话请联系我,电话号码是……"

袁树雄不敢相信自己的眼睛,儿时的梦想,难道真的就要实现了吗?他立即按照留言上的号码给对方打过去,得到了肯定的回复。袁树雄欣喜若狂,他当晚失眠了。第二天,袁树雄就向老板请了假,并安排好了后面的工作。晚上,他坐上了开往广州的大巴。

袁树雄在广州

发行第一张专辑

2005年,袁树雄来到繁华的广州。

天艺唱片的经理热情地接待了袁树雄,并把他带到老板办公室。老板的第一句话就是:"小伙子很精神,很帅气。"也许在他们的心目中,歌厅工作的人一般都比较颓废,突然见到一个精神状态不错的小伙子,老板感到有点好奇。更特别的,袁树雄是一位词、曲、唱全能的艺人,十分难得。双方沟通两个小时后,公司决定与袁树雄签约10年。

2005年5月,袁树雄正式与天艺唱片签约,公司承诺全力打造袁氏音乐,并将他的风格定位为苦情音乐。

签约后,公司每月给袁树雄2000元生活费,并安排他住在一个十几平方米带有洗手间和厨房的小房子里。另外,为了维护他签约歌手的身份,不影响以后的演出身价,公司不希望袁树雄再去歌厅演出。为了能尽快地发行唱片,袁树雄一直配合着公司。

由于不能去跑场,袁树雄的经济来源中断了。时间一长,他在经济

袁树雄和邹铁夫老师在一起

上陷入了困境。从出门挣钱的第一个月起，袁树雄每个月都按时给父母寄钱。除了给父母寄的钱，自己在外的开销也不小。半年后，他用光了所有积蓄，不得不开始贷款过日子。袁树雄找到老家的一家信用社，请二哥帮他担保，瞒着家里其他人贷到了第一笔信用贷款3万元，继续在广州生活着。

本以为签约后马上可以发行唱片，但与公司沟通后，得到的答复却是公司在全方位策划与考虑，请耐心等待。袁树雄是一个新歌手，歌曲也都是新作品，正常情况下没人敢轻易投资几十万甚至上百万来给一个新人打造专辑。

一年过去了，贷款的期限也到了，袁树雄在哥哥那里借了本钱还给信用社后，又不得不继续办着贷款手续。半年后，为了缓解经济压力，袁树雄私下通过朋友联系了一家酒吧，开始瞒着公司在外演出。演出场地离住的地方近10千米，为了省钱，袁树雄每次都提早出门，乘坐公交或者大巴早早地赶到演出场地。演出结束后已近凌晨，没有公交车，打出租车需要二十多元。为了节约，袁树雄每次都是走路回家，需要走一个多小时。他觉得，这是给自己一个锻炼身体和梳理思绪的机会，走累了，他就在公交站台的长凳上休息一下。凉凉的夜风吹来，更能够让他头脑清醒，顺便想想未来该怎么规划。

有一次半夜回家，远在国外的姐姐给袁树雄打了个电话。姐姐一直关心着袁树雄的成长，关心着签约后专辑发行的情况。那个时候，袁树雄很少接到家人打来的电话，一方面是因为父母老家没有安装电话，另一方面是哥哥姐姐们平时都忙。深更半夜接到姐姐的电话,袁树雄顿时感觉一股暖流涌上心头。他没有告诉家人他目前的窘境,只是一边说自己的情况很好,一边汇报专辑的最新进展。姐姐高兴地与他交谈,并叮嘱他生活上不要太节省,一个人在外面一定要注意身体、注意安全。

接完姐姐的电话,袁树雄在陌生的广州城,无助地哭了。除了感叹生活的磨难,更多的是思念家人的牵挂与温暖。

广州签约后的两年,是袁树雄经济上最拮据的两年,也是他人生的低谷。2006年春节,袁树雄回老家过年,衣服皱皱巴巴的,脚上的皮鞋都裂口了,买年货的钱都拿不出,他除了惭愧,还是惭愧。

2006年下半年,转机出现了,千里马终于遇到了伯乐。公司邀请了著名的音乐制作人邹铁夫老师与袁树雄就他的个人专辑进行面对面的详细沟通。第一次见面时,袁树雄感觉邹老师特别亲切。他们一起聊着袁树雄的十几首原创歌曲,袁树雄现场演唱了《苦咖啡》与《恋爱宝贝》。听完两首作品之后,邹老师马上有了判断,觉得袁树雄不仅具有独立创作能力,能创作出好作品,而且具有沙哑与带着金属质感的独特嗓音,应该会得到市场的认可和欢迎。于是,公司当即决定由邹铁夫担任唱片制作人,全力打造袁树雄的首张个人专辑《苦咖啡》。

2006年7月,袁树雄的首张个人专辑《袁汁袁味·苦咖啡》制作完毕,同年10月26日,在全国正式发行。这张专辑由邹铁夫操刀、黑鸭子组合伴唱。专辑收录的歌曲全部由袁树雄本人参与创作,这在中国发烧唱片里面还是首次。

后来，在北京合作录制期间，袁树雄与邹铁夫朝夕相处了半个多月。为了保证录制质量，每天只录一首歌。袁树雄印象最深的，是录制《生活禅》，只录了一次，邹老师就叫录音师停止，他开心地欢呼："可以了，就这个感觉可以了，不要再录了。"于是，袁树雄"一遍过"的佳话迅速在圈内传开，这不光是录音效率的问题，更重要的是对袁树雄演唱实力的认可。

2007年，全国126家音乐电台举办的中国联盟音乐总榜音乐评奖中，《苦咖啡》作为第一候选，很有可能夺冠。公司领导告诉袁树雄，如果《苦咖啡》夺冠，他就会红遍全国，要做好心理准备，要去参加颁奖晚会，还要做专访。公司特意安排他提前准备好获奖感言。袁树雄激动不已，还专门找人设计了艺术签名。

然而，造化弄人。最终，歌手谭维维《雪落下的声音》得了第一名，袁树雄的《苦咖啡》居第二。他感慨不已，离冠军只是一步之遥，做好了出名的准备，希望最终却落空了。

袁树雄说："一直接近出名，但最终不了了之，当然会有遗憾，但后来也释然了。知足常乐，顺其自然。老天自有安排。十几年之后，我还是迎来了这份肯定，实现了自己的人生价值。这一点还是很欣慰的。"

虽然只获得了第二名，但毕竟是了不起的成绩。不久，公司又为他推出了《伤情歌》等3张音乐专辑，袁树雄在歌坛开始有了不小的影响。

袁树雄的成名，不是一朝一夕的，而是岁月的沉淀，也是他初心不改的追梦结果。至2010年返乡前，袁树雄已从人生低谷走出，实现了人生的第五次逆袭。

若干年后，成名后的袁树雄并没有太大的改变，他对此看得很淡。有人问他："你爆红了，为什么感觉就像是很平常的一件事？"他说："我的工作就是生活，生活就是工作，每天都活得轻松就好。一个人要心地善良，多做善事，不要太追逐名和利。"有人说他的歌抄袭，他回应："整首歌，从作词作曲到演唱，都是我自己独立完成。歌曲不可能让所有人都喜欢的。对这样的质疑，我也尊重。"是的，真金不怕火炼。在事实面前，任何谣言都会不攻自破。

其实，袁树雄首张专辑的第一首歌《生活禅》，就诠释了他对待名利的态度。这首歌旋律优美，曲风清新，歌词意味深长。在后面的日子里，这首歌直接影响了袁树雄的人生，改变了他对生活的态度。

生活禅

作词：阎梓逸
作曲/演唱：袁树雄

情过心灵伤哟／风过落叶黄
芸芸众生过去／漫天尘土扬
看淡是般若哟／看重烦恼多
佛光普照天地新／无门关内心灯亮
啦……啦……啦……／名利丢两旁

朝迎旭日升哟／夜晚看月亮
柴米油盐布衣裳／平常心为窗
人生天地间哟／本来梦一场
法雨甘露遍洒处／清凉世界心中藏
啦……啦……啦……／善字摆中央
啦……啦……啦……／善字摆中央

情过心灵伤哟,风过落叶黄……看淡是般若哟,看重烦恼多……啦啦啦,名利丢两旁。

袁树雄对这首歌格外有感触。不卑不亢,心态平和。也正因为这样,他的心态一直很年轻。

朝迎旭日升哟,夜晚看月亮,柴米油盐布衣裳,平常心为窗……啦啦啦,善字摆中央。

成为公益达人

"名利丢两旁,善字摆中央",这句话一直鞭策着袁树雄,告诉他不要太追逐名和利,做人一定要善良,要多做对社会有益的事。

袁树雄有不少公益"头衔":湖南省禁毒宣传大使、湖南红网公益宣传大使、湖南国际频道文化旅游传播大使、湖南省抗震减灾形象大使、邵阳文化旅游形象推广大使、邵阳消防宣传公益使者、隆回县形象大使……

心存善念,一路前行。袁树雄关注过很多公益事业,也做过一些公益,有些甚至还是在负债的情况下做的。他一直觉得善良的人会得到更多快乐,而且自己是个公众人物,应该多多站出来引导大家,让更多人来关注社会的弱势群体。

袁树雄第一次做公益活动,是在老家隆回。因为目睹父亲生命中最后一年失能后的生活状态,在父亲去世后,袁树雄组织了一帮爱心人士,来到隆回魏源医院,做了一场关爱失能老人的公益演出。看着老人们在演出现场开心的模样,有的鼓掌附和,有的摇头吟唱,他的心里非常欣慰。在活动现场,他还给康养医院的老人们捐赠了数台老年康复器械。

之后,袁树雄每年都会主动举办几场大的公益活动,例如关爱老人、关爱留守儿童、关爱环卫工人、关爱弱势群体等。因为经常参加公益演出,他被中华慈善总会授予"爱心歌唱家"光荣称号。

《生活禅》对袁树雄从事公益活动起到了一定的催化作用。这首歌在首张专辑中排位第一,看得出唱片公司对这首歌的高度认可。在专辑发布前,袁树雄特意为《生活禅》写了一段感言,里面的文字,他至今记得:

这是一首普通老百姓都会接受与喜欢的歌。每次唱这首歌,总感觉我的心灵经过一次洗礼。在紧张而忙碌的今天,它能缓解我的压力。在心情偶尔郁闷的时候,它能让人心平气和。不以物喜,不以己悲。柴米油盐布衣裳,平常心为窗。名利丢两旁,善字放中央。

很快,我的个人专辑《苦咖啡》就要在全国发行了。能够在全国发行自己的原创作品,这本身就是一种成功,因为多年追求的目标,它终于实现了!

人应该知足,因为知足才能常乐!当然某些时候更需要冷静,因为冷静可以让人清醒!其实仔细想想也没什么可炫耀的,山外有山,人外有人,每个人的特色不一样,在我身后还有大批一直在默默坚持着自己音乐梦想的优秀的音乐人，相对他们来说，我是幸运的，所以我有什么值得去炫耀的呢？

"舞台上认真做戏，台下认真做人。"我会用这句陪伴了我多年的格言去时刻提醒我自己！

我是袁树雄，专辑发行后，我还是那个淳朴的、谦虚的袁树雄！

2006年9月3日写于专辑《苦咖啡》发布前

袁树雄虽然是乐坛名人，但他的收入并不高。自2012年开始，袁树雄经常下基层，走农村，开展下乡演出。每到一个地方，在演出车上，他把自己的原创歌曲带给隆回的各个乡镇与村庄。很多时候，演出结束后，老百姓为了表达感激之情，都放鞭炮为他们送行。2013年，袁树雄除了下乡演出，他在家乡组织或参加慈善公益演出活动十余场。

2019年秋，中华人民共和国成立70周年的日子即将到来，这是一个伟大的时刻。在这个特殊的日子里，袁树雄怀着激动的心情，与歌友会骨干成员一起商量：我们该做点什么？

2019年9月25日，袁树雄到隆回县委宣传部汇报了情况，他想把以"我和我的祖国"为主题的爱国歌曲大联唱做成一个快闪节目，请县直属机关各部门以及群众代表参加。领导对这样一个上千人的大型群众性活动非常重视，成立专门的班子以确保活动安全、顺利地进行。

在得到县里肯定的答复后，袁树雄迅速组织人员，开始挑选爱国歌曲。《没有共产党就没有新中国》《歌唱祖国》《团结就是力量》《我和我的祖国》等歌曲经过他的精心剪辑,一段8分钟的快闪节目出炉了。在县里的统一调度下,9月30日,在隆回县思源实验学校足球场举行了第一次彩排。袁树雄把移动音响放在广场的中央,因为人太多,大家看不到他的指挥,他干脆站在音箱上,一次又一次地讲解、一次又一次的排练。

2019年10月1日上午9点,升旗仪式正式开始。护卫国旗的武警战士英姿飒爽,手捧鲜艳的五星红旗健步入场。伴随着雄壮嘹亮的国歌声,五星红旗冉冉升起。大家齐唱国歌,内心无比振奋与自豪。升旗仪式结束后,《我和我的祖国》等一组音乐响起,大家按照排练的队形,精神饱满地昂首前行,在跑道上歌唱……大合唱的最后时刻,人群瞬间组成一个"70"的图案。

整场活动不到20分钟,但是准备工作却花了整整一个月!

由于成绩突出,2017年10月17日,袁树雄被授予隆回县"社会扶贫宣传形象大使"的光荣称号。2018年12月21日,袁树雄获得隆回县突出贡献奖。

2023年8月初,河北涿州连续强降暴雨,加之上游洪峰过境,灾情十分严重,牵动全国人民的心。天灾无情人间有爱,一方有难八方支援。刚上任隆回县音乐舞蹈家协会主席的袁树雄得知涿州遭遇特大洪水侵袭,并经多方信息渠道了解到,涿州灾后急需防疫消毒、生活物资,立即在协会发起爱心捐赠。袁树雄第一时间向涿州灾区捐款20万元，并带队与几名志愿者一起，跟着满满一大车加长货车的生活物资赶赴涿州灾区现场。

平凡人每天都难，天灾人祸后雪上加霜。本为农民之子的袁树雄，其实2023年3月才还清家庭贷款。一夜成名后，他悲天悯人情怀不改，无疆大爱精神还在。袁树雄知道，名利都不是从天而降，而是来自社会。取之于社会，用之于百姓，这样脚步才会走得更远。

袁树雄在涿州

从爱情、恩情、友情到亲情

作为歌手,如果没有感情,如何唱出歌中的喜怒哀乐?袁树雄成名后,网友们像关心他的歌曲一样,同样好奇于他的爱情和亲情。而袁树雄的歌曲里,就藏着解读的密码。例如他的第一首作品《我喜欢》,就是献给爱情的。

袁树雄人生中真正的第一首作品,是在广东惠阳一家歌厅驻唱时写的《我喜欢》。当时,袁树雄与常德的乐队朋友一起驻场。在那里,一个漂亮的女生闯进了袁树雄的视野。

她是歌厅的一名服务员,黑色的长发,漂亮的脸蛋,尤其那一双清澈的眼睛,仿佛会说话。每天晚上上班,袁树雄在舞台上唱歌,总喜欢朝她站的地方多瞧几眼;每次唱歌,总喜欢把她想象成歌曲里面的主角;白天去食堂吃饭,总希望能碰到她;有时看到她在洗衣服,自己也赶紧跑回宿舍拿件衣服去洗,目的就是想多些机会接触她。但是因为胆子太小,面对自己喜欢的人,袁树雄心里格外紧张与害怕。在几次面对面的

我喜欢

词曲：袁树雄
演唱：袁树雄

我喜欢 / 喜欢你的眼睛 / 你的眼睛啊会说话
我喜欢 / 喜欢你的眼睛 / 你的眼睛啊好温柔
我喜欢 / 喜欢看你的模样 / 你的心里明白吗
我喜欢 / 喜欢和你说话 / 说出我心里的喜欢
　多年以来的梦想 / 就是为了寻找她
　面对面的时候 / 你又让我好心慌

　多年以来的梦想 / 就是为了得到她
　多想为你唱首歌 / 唱出我的喜欢

时候，他都紧张得不敢说一句话。直到最后离开这家歌厅，袁树雄都没能与女孩搭上一句话，也没有敢问她的联系方式。这首《我喜欢》，也成了袁树雄情窦初开时期一个美丽的梦。少年维特遭遇了爱情的烦恼，袁树雄的初恋也是烦恼的，是纯情的，是忐忑的，是遗憾的。不过，遗憾才是真实的人生，缺陷也是一种美，而且是一种无法替代的美。

袁树雄与妻子的相识，是在她开的一家甜品店里。第一次去店里吃早点时，他就发现了坐在吧台后的她。袁树雄鼓起勇气问她的合作伙伴这女孩有没有结婚，得到的回答是还没有，也没有男朋友。于是，袁树雄大胆地走向了吧台，和她拉起了家常。当天晚上，袁树雄约她到自己的音乐清吧坐坐，并唱了成名曲《苦咖啡》，随后表明了自己的心意。让人意想不到的是，对方不但没有拒绝，反而愉快地答应他相处一段时间看看。没想到相识的第三天，女孩的母亲突然给女儿打来电话，因为她听别人说袁树雄有恶习，要女儿慎重交往。这真是一个天大的误会。其实，袁树雄从小家教严明，一家人从不沾染赌博等恶习。他的父母经常教育他怎样做人，家里的兄弟姐妹也个个优秀。这是袁树雄第一次听人这样说自己，他心里感到十分委屈。袁树雄当即表示，请女孩约上她父母，他想向他们当面澄清一下误会。

后来，袁树雄坦率而诚恳地讲述了他的现状。他的真诚感染了女孩的父母，他们不再反对他们交往。一个月后，他们闪婚了。

一年后，他们的孩子诞生。一家人开始过着累并快乐着的幸福生活。从结婚起，袁树雄与妻子几乎没有闹过别扭。在妻子无微不至的照顾下，袁树雄的事业有了更大的施展空间。为了回应这一份真挚的情感，袁树雄为妻子写了一首《如果有一天我们都老了》。

袁树雄是一个善良的人，也是一个特别看重友情的人。2003 年，

边弹边唱

袁树雄的朋友诗书在山东莱州经营电脑生意，经常往返于莱州和烟台科技市场之间。一个偶然的机会，在科技市场，诗书与一个女孩相识了，很快，两人坠入爱河。由于科技市场到烟台大学距离较远，十七路大巴便成了他的交通工具。几乎每天，诗书都要坐十七路大巴，去烟台看女友。

经过一年的热恋，女孩的家长知道了这一情况。因为诗书的经济条件不是太好，两人的恋爱遭到女孩父亲的极力反对。2004年的一天，诗书再次乘十七路大巴去烟台大学看望女孩，但女孩的父母给她介绍了新的男朋友。于是，在返回科技市场的路上，他写下了《十七路空调大巴》的歌词。

袁树雄与诗书是2001年在网络相识的，因为对音乐共同的热爱，他们很快成了好友。袁树雄喜欢诗书的作词风格，一起合作了好几首歌曲，如《草戒指》《野蛮女友》《五年》等。诗书也很欣赏袁树雄的创作才华，特意出资给袁树雄做了一个原创音乐网站。通过网站，袁树雄认识了更多的朋友，包括后来签约的唱片公司。

当袁树雄看到诗书为纪念他的女友写的《十七路空调大巴》的歌词时，被深深地打动。他想到了自己失恋时的滋味。他想安慰朋友，也想感谢他对自己的知遇之恩，便马上为歌词谱了曲。2010年，《十七路空调大巴》轰动一时，被称为"烟台城市情歌"，得到了年轻人的青睐，因为这首歌唱出了无数像诗书一样的青年人的爱情心事，释放了他们的忧郁，吐露了他们如痴如醉的真情。

跟袁树雄交谈，你会发现，他常常记得别人的好，常常感恩身边的

迷茫与思索

如果有一天我们都老了

词曲：袁树雄

演唱：袁树雄

谢谢你那么短的时间 / 就决定了与我成亲
其实你妈妈对我还是有点 / 有点点不放心
养育这么大你说忽然 / 就变成了别人的儿媳
女儿大了总是要离开父母 / 成为别人的妻

一年的时间你给我 / 带来了可爱的宝贝
你说眼睛像你鼻子像咱俩 / 嘴巴更像他爹
宝贝啊宝贝你的出现 / 增添了无穷的乐趣
你会慢慢慢慢地长大 / 最后你也会成亲

如果有一天我们都老了 / 你依然还是我的妻
我会继续让我的右手 / 当你的床枕
你的眼睛是我今生今世 / 无法再遇的海
我会一直一直地陪伴 / 在你的身边

如果有一天我们都老了 / 我还是你的老情人
你说你会好好地照顾着我 / 直到我们离开这世界
你会静静地静静地陪着我 / 在幽静的坟前
你说将来孩子来看我们时 / 永远像有个家在身边

十七路空调大巴

作词：诗书

作曲/演唱：袁树雄

十七路空调大巴 / 蓝色的窗帘银色的碎花

一个少年在车窗旁 / 他的终点是烟大

十七路空调大巴 / 悠缓的车轮忧郁的眼神

一个少年在车窗旁 / 他的终点是烟大

我的空调大巴 / 请带我去见我爱的人吧

看看她过得好不好 / 我真心祈祷她幸福啊

我的十七路大巴啊 / 我看到了我爱的人啊

她生活得很麻木 / 我有种说不出的痛苦

我的十七路大巴啊 / 请带我去见我爱的人吧

看看她过得好不好 / 我真心祈祷她幸福啊

十七路空调大巴 / 蓝色的窗帘银色的碎花

一个少年在车窗旁 / 他的终点是烟大

十七路空调大巴 / 匆匆的车轮落寞的眼神

一个少年在车窗旁 / 他的起点是烟大

十七路空调大巴 / 路边的花坛开满了鲜花

他微笑着看着它 / 眼里隐藏着点点泪花

人，感恩自己的人生经历。2023 年，他为母校湖南开放大学参与创作了校歌《让学习伴随一生》。"我十分感恩母校的教育。母校对我也十分关心。当听说我的《早安隆回》走红了，湖南开放大学党委副书记周宇代表学校于 2022 年 12 月特来看望我，并邀我回访母校。我欣然应允，并在今年 3 月回访母校本部，见到过去的大学老师，得到了校长杨斌的接见。母校党委宣传部的老师说学校没有校歌，我欣然应允为母校效劳。

让学习伴随一生

作词／作曲／演唱：袁树雄

梦想绽放的三湘／桃李争妍百花齐放
芬芳弥漫在开放课堂／把春天的旋律奏响

红太阳升起的地方／春意盎然书声琅琅
芬芳弥漫在自信的脸庞／我们敞开怀抱拥抱希望

让学习伴随一生／让梦想点亮芳华
与时俱进完善自我／让我们从这里起航

让学习伴随一生／让梦想点亮芳华
和谐进取求索拼搏／知识就是力量
生生不息的力量

今年5月11日，就母校校歌歌词修订之事，我再次回访母校，见到了新上任的党委书记曾宝成。得知曾书记竟然是隆回人，讲一口隆回普通话，我感到这也太巧了！"

在谱写母校校歌时，袁树雄将母校的特征写了进去，也把母校赋予自己的"让学习伴随一生，让梦想点亮芳华"的奋斗精神写了进去。

2001年1月1日，袁树雄的大儿子出生，取名袁旦。儿子出生后的第一年，袁树雄停止了所有的工作，想全力做一个称职的好父亲。晚上怕影响家人的睡眠，他单独带着孩子睡觉，给儿子泡牛奶、洗澡、换尿布。但袁树雄的本职工作终究是歌手，没有了演出，家里就断了经济来源。为了生活，袁树雄还是得重新投入工作。通过朋友的介绍，他认识了福州一家演艺场的老板，只身去了福州，重新开始了演出的生活。

袁树雄在福州一待就是3年，2005年与天艺唱片签约后，袁树雄转战广州。时间一天天过去，孩子一天天长大。偶尔回家探亲的袁树雄发现自己与儿子的距离越来越远。儿子性格内向，还有点叛逆，学习成绩也不是特别好。每当袁树雄回家的时候，看着儿子小小年纪，眼里就有了忧伤，他的心像针扎了一样痛。

儿子上学后的第一场家长会，袁树雄特意请假回隆回参加。家长会开始后，万万没想到，班主任批评的第一个人，就是袁旦。老师严肃地说，袁旦同学上课心不在焉，做作业也不认真，希望引起家长的重视。老师的话，如鞭子一样抽在袁树雄这个父亲的心上。那一夜，他彻夜难眠。

"作为父亲,事业再成功,但孩子不成功,都是虚的。"秉持着这样的想法,袁树雄决定无论如何也要陪在孩子身边。

袁树雄原本打算将袁旦接到自己身边,但在 2010 年,时任隆回县委书记的钟义凡和时任宣传部部长的李明海邀请袁树雄回家乡隆回发展,并以特殊人才引进的方式,把他安排在隆回县文化馆工作。

为了陪伴儿子,袁树雄欣然答应了。

你陪我长大我陪你到老

作词:袁旦、袁树雄

作曲:袁旦

演唱:袁树雄、袁旦、袁子诺

世界如此之大让我遇见了您 / 您用偌大的双手撑起我的天
我渴望着您温暖的怀抱 / 这一路上感谢有您

我一直都在自从遇见了你 / 你是如此的可爱占据我的心
你阳光灿烂般的生活充实着我的生命 / 这一路上感谢有你

你默默守望,我跌跌撞撞 / 往事历历在目,你一直在我身旁
你慢慢成长,换我白发苍苍 / 白发苍苍你在我身旁

家有儿女

2011年，袁树雄回到家乡，担任县文化馆音乐创作专干。他一直都觉得亏欠儿子太多，想要用父爱来努力弥补。慢慢地，儿子的性格变得开朗了。每次中午放学回家，打开门的一刹那，儿子总要扑到父亲怀里。父子俩经常把餐桌搬到窗边，边享受阳光边品尝美食。袁树雄风趣幽默，经常说点笑话，逗得儿子开心得合不拢嘴。

袁树雄回到隆回后创作的第一首歌曲《三合街》，在当地流行开来，无论男女老少都会唱。很快，儿子所在学校的同学知道了这首歌，知道了是同学袁旦的父亲创作并演唱的。因为是自己的老爸，袁旦感到特别自豪。

为了推广本土音乐，也为了改善自己的生活，袁树雄加入了朋友开的一家音乐清吧，每天在店里忙碌，经常很晚回家。儿子袁旦也基本摸到了父亲晚归的规律，等父亲快回家时，都会提早熄灯假装睡觉。袁树雄每次回家把车一停，都会习惯性地抬头朝楼上看一眼，看儿子按时睡觉没有，然后去他的房间，在他的额头上亲一下。

初三的一个中午，儿子放学回家后，看到袁树雄在家弹吉他，突然好奇而认真地对袁树雄说："爸爸，我也想学吉他。"看到儿子终于第一次主动提出学吉他，袁树雄打心底里高兴。儿子的演奏技艺进步特别快，不到一个月，就可以拿着教材自学，不要爸爸教了。看着儿子有艺术天赋，袁树雄暗自开心。

儿子大二的时候，由于长期伏案，在学校钢琴房一坐就是几个小时，身体出现了问题，需要做个小手术。当儿子从病房出来看到爸爸的那一刹那，他流泪了。袁树雄紧紧拥抱着儿子，他想让儿子知道，爸爸永远是他最坚强的后盾!

袁树雄是家里最小的孩子,陪伴父母的日子也是最少的,但他与父母的感情特别深,格外珍惜与父母相处的机会。在父母的心里,他这个最小的儿子,也是一直最牵挂的。因为哥哥姐姐都拥有稳定的工作,而袁树雄歌手的职业最让他们担心。确实,一年三百六十五天,袁树雄几乎三百多天生活在舞台上,每年回家的日子很少,基本上就是春节回家十几天。

袁树雄出门在外,一直随身携带一个记事本。在上面,他写下这样的文字:

写给尊敬的父亲

小时候家境很贫寒,父亲一人肩负起全家的生活重任,他很少回家。一直都很难得见上爸爸一面,妈妈告诉我,他工作很忙。

或许是穷人家的孩子早懂事,在家乖乖的、有些听话,睡觉也只是梦中想想自己的父亲,安静地想给妈妈少添点乱……

孩子总是要长大的,翅膀硬了他就想去飞翔,而作为歌手的我只能是到处流浪。

时光走啦,爸爸老啦,寂寞陪伴着他。我却很少回家,爸爸,在家孤独吗?孩子,想家……

每次回家，爸爸妈妈都会煮上几个鸡蛋，或许对他们来说，这是很有营养的东西。

记得有一次又要出远门，都已经上了即将出发的客车了，远处的爸爸急匆匆地拿着煮好的鸡蛋，追到了汽车前，硬把鸡蛋塞到了我的手里才肯离去。

望着爸爸渐渐远去，慢慢消失的瘦小的背影，我的心里一阵阵的凄凉。

坐了十几个小时的车，终于到达目的地了，我还是舍不得吃掉爸爸拿给我的那几个鸡蛋，仿佛爸爸的影子，将随着这几个被吃掉的鸡蛋而慢慢地消失似的。

也许是刚刚从家里回来，大脑还处在看见家里温馨场面的兴奋状态，到了宿舍后一直没有睡意，都夜深人静了我还在那辗转反侧。

突然，我想起了那几个还没吃的鸡蛋，一骨碌地爬起床，捧着冰冷的鸡蛋，失声痛哭……

记忆中，第一次哭得那么大声。

在我记忆中父亲一直是非常坚强的，人生的风雨不怕，岁月的沧桑不怕，但他还是老了，老得连头发都白了，耳朵也不灵了。

真的好想回家，抚慰您苍苍的白发。啊，白发苍苍……

爸 爸

词曲：袁树雄

演唱：袁树雄

我的爸在远方 / 他很少回家

我的爸在远方 / 他工作很忙

孩子在家很听话 / 爸爸想他

孩子今夜梦中有他 / 睡吧别说话

时光走了 / 爸爸老啦

寂寞陪伴着他 / 我却很少回家

爸爸在家孤独吗 / 孩子想家

爸爸不要太牵挂 / 不要再舍不得放不下

人生的风雨不怕 / 岁月的沧桑不怕

孩子想要回家 / 抚慰你的白发

啊白发苍苍

这篇心得是袁树雄有一次春节回家过完年，返回广东时写的。袁树雄还写下了一首声情并茂的歌曲《爸爸》，表达对父母的深情。

这首歌发行后反响特别好。

《爸爸》这首歌的背后，还有一个关于拯救生命的故事。

湖北武汉，有一个为情所困的女孩，她准备结束自己的生命。临走前，她来到网吧写遗书，然而电脑上面的一首歌引了起女孩的注意。女孩被歌曲里的亲情深深打动，越听越入神，不知不觉把刚写的遗书全部删除了。这首名为《爸爸》的歌让她醒悟：生命是父母给的，无论经历什么样的困难，此时远方的父母也一直牵挂着她。

第二天，女孩来到天艺唱片，开口就说要找袁树雄。在公司经理的安排下，袁树雄来到公司，见到了这位女孩，才知道了这段感人的故事。后来，袁树雄与女孩成了好朋友，她经常参加袁树雄歌友会的活动。若干年后，袁树雄与女孩子联系时，得知她已经结婚，过得很幸福，成为了两个孩子的妈妈。

月是故乡明

YUE SHI GUXIANG MING

再遇伯乐

心系隆回

家乡韵味

写给老村长和种茶人的歌

出发与归来

再遇伯乐

袁树雄在成长的过程中,既遇到过像邹铁夫这样专业的音乐人,也碰见了像李明海等提供展示平台的伯乐。

李明海,曾任隆回县委常委、宣传部部长、政法委书记。在隆回工作期间,因为对隆回文化的热爱与重视,他提出了引进特殊人才的建议。这一项建议得到了时任隆回县委书记钟义凡的高度认可。

2010年,钟书记和李部长热情邀请袁树雄回家乡隆回发展。在引进特殊人才这一件事上,钟书记、李部长、张晗局长把袁树雄等十几位在艺术上有突出成绩的人才招进了县文化部门,并给予特殊的工作方式与工作环境,保证他们能充分发挥各自的特长。

2010年,湖南卫视《快乐男声》在全国持续火爆。钟书记给袁树雄打电话,希望他能代表家乡参加《快乐男声》,以推广与宣传家乡。当时,袁树雄与唱片公司还有数年唱片合约在身;再者,参加《快乐男声》的,多半是一二十岁的年轻小伙子。作为一个近四十岁的老歌手,袁树雄认为自己优势甚少，但为了宣传与推广家乡，他还是报名参加了。

没想到，袁树雄反而成了 2010 年《快乐男声》海口赛区一道最靓的风景线。对于评委们来说，已在全国发行 3 张个人专辑的专业歌手参赛，确实是一个难题，甚至有些评委的实际成就还不如袁树雄。如果力捧袁树雄，那些默默无闻的选手就会认为，评委只看选手名气走过场。然而，袁树雄确实很优秀，评委们很难挑到他的缺点。

总之是两个字：头疼！

除了给评委出难题，袁树雄也给其他选手带来了很大压力：参加《快乐男声》的那些歌手，不都是因为这次机会才拥有了属于自己的第一张专辑吗？袁树雄带着已经在全国发行 3 张个人专辑的成绩来参赛，这不是欺负人吗？

2010 年 5 月 1 日，袁树雄飞抵海口参加《快乐男声》，以一首原创歌曲《爸爸》令评委当场亮起 PASS 卡直接晋级。袁树雄也因此成了海口赛区前 50 强的选手。

要知道，有几十万人参赛的《快乐男声》，每个赛区只有 5 张 PASS 卡，PASS 卡意味着评委们对选手实力的认可。当然，袁树雄的原创作品和现场演唱完全配得上这张 PASS 卡。

作为实力派原创歌手，在《快乐男声》的晋级路上，袁树雄也遇到了一道坎，就是陷入了各路媒体的"炒作"。袁树雄作为隆回县形象大使，他不想因为这些"炒作"影响自己的形象。他只有一个想法，"我是来宣传与推广家乡的"。

除了唱歌，袁树雄积极参加当地的一些公益活动。在成功晋级《快乐男生》海口赛区20强后，他主动请求参加海南省团委组织的"心系玉树"的公益献爱心活动。在活动现场，袁树雄用吉他弹唱了《为你伴舞》《感恩的心》等，给小朋友送上了毛绒玩具，用歌声温暖刚刚经历过灾难的孩子们。

参加《快乐男声》的袁树雄让大家知道了，在邵阳的一个小小县城里，有这么一个极有实力的歌手。隆回，也逐渐被全国人民所了解、熟悉。时间来到2020年。在这一年年底，袁树雄为了给在困境中挣扎的人们加油打气，创作了《早安隆回》一歌，这首歌更是将隆回的知名度推向了全国。

古人说，千里马常有，而伯乐不常有。而袁树雄的家乡，伯乐常在。新一届的隆回县委、县政府的领导，依然是袁树雄的伯乐。为了让袁树雄这匹千里马跑得更快、更远，也为了让千里马把隆回的名声带到一个新的高点，县委书记刘军指示宣传部成立宣传推广小组，赶在世界杯结束之前拍摄新的MV配合世界杯颁奖典礼，同时安排专员配合宣传。县长杨韶辉则特意给袁树雄打来电话，询问《早安隆回》的最新情况，并专程来到袁树雄家里慰问。县委宣传部部长雷勇向市级、省级领导汇报，撰写报告送到上级部门，力荐《早安隆回》登上更高层次的舞台。邵阳市委常委、宣传部部长于金旺每天都要打几个电话给袁树雄，除了关注歌曲的进展情况，更多时候是提醒他要时刻保持清醒的头脑，在艺术的道路上稳步前行。

除了县委、县政府的关心与支持,媒体也没闲着。邵阳广电全媒体记者胡德积从歌曲播放量破亿开始介入,到歌曲登上湖南卫视与央视春晚,在这一过程中他不断地推送新闻。每一次好消息出来之后,他比袁树雄还高兴。红网、湖南卫视、湖南日报等省内媒体的记者也是摩拳擦掌,都在为《早安隆回》的出圈出谋划策,贡献自己的力量。

随着《早安隆回》越来越火,大家期待这首歌登上湖南卫视和央视这种大平台的呼声也越来越高。但是袁树雄谦虚地认为自己始终只是一个基层草根歌手,最主要的是,时间上来不及了。

2022年12月25日,隆回县委宣传部请示邵阳市委宣传部,推荐《早安隆回》歌曲参加2023年邵阳春晚,并请示推荐歌曲参加湖南卫视春晚和央视春晚。请示书写道:

> 2022年末,万众瞩目的卡塔尔世界杯进行得如火如荼,数十亿观众在观看之余,意外地听到了一首来自东方中国的助力"神曲"《早安隆回》,歌曲和谐温暖催人奋进,朗朗上口的旋律配上动感的节奏,一下燃爆世界杯赛场,并迅速风靡整个网络,至今在抖音的播放量突破61亿,同时荣登音乐权威排行榜TOP500榜首、热搜榜第一,并在酷狗、快手、抖音等各大音乐网榜单上飙升,成了2022年当之无愧的巨流量红歌。疫后重振,浴火重生,《早安隆回》生逢其时,它快速地点燃人们对生命的热爱

以及对美好生活的无限向往，一首好的作品甚至能挽救很多家庭，尽管歌曲歌颂的是家乡的曙光，但折射的是整个中国的力量。基于以上情况，我们认为《早安隆回》参加2023年的各级春节联欢晚会同样具有重要的现实意义，既有歌曲本身的正能量，同时也体现了春晚对当前潮流音乐作品的互动性、兼容性与大众化，使春晚更接地气。现特此推荐《早安隆回》歌曲参加2023年邵阳春晚，并请逐级推荐该歌曲参加湖南卫视春晚及央视春晚。

为民办实事的邵阳市委宣传部，当即决定火速奔赴省会长沙，为《早安隆回》的全国推广活动竭尽全力。

湖南省委主要领导高度重视，第一时间作出重要指示。省委宣传部积极调研，迅速行动，并向中宣部请示推荐。

湖南省文化和旅游厅顺势而为，2023新春之际，入湘游客的手机铃声被设置为《早安隆回》，湖南卫视《湖南新闻联播》从2023年除夕至正月初五，连续6天推出特别节目《新春走基层·相遇隆回》，用《早安隆回》爆火的契机，向世界讲好中国故事的湖南篇章，回答"隆回在哪里"的世界关注。

袁树雄在演唱《早安隆回》

心系隆回

在袁树雄回到家乡前，尽管在外漂泊多年，但他依旧时刻记挂着家乡，因为他的根在这里。

袁树雄这一代人，生在红旗下，长在春风里，从小就会唱《没有共产党就没有新中国》。共产党一心为人民，共产党改天换地的气魄和伟大，国家日益富强，这些都是有目共睹的。2021年，中国共产党建党100周年。在如此重大的节日里，作为政协委员和九三学社社员的袁树雄，总想要为家乡做点什么，以表达对党和祖国的赞美之情。

歌为心声，那就创作演唱一首歌曲吧！一首名为《永远的红色》的歌便诞生了。

不久，好消息传来，《永远的红色》荣获九三学社中央宣传部举办的全国歌曲线上汇演全国三等奖。

俗话说："四川人不怕辣，湖南人辣不怕，贵州人怕不辣。"湖南有中国最大、世界第二的辣椒种子资源库，堪称"辣椒硅谷"。湖南人

永远的红色

作词：袁树雄、路庆国
作曲：袁树雄
演唱：袁树雄、杨玲平

心中不灭的火，梦燃烧着
眼中不灭的光，爱燃烧着
锦绣河山，壮丽巍峨
初心不改，永远不变的红色
百年的风雨，坚如磐石
青春同心，永远跟您走
您是我的，我的母亲
中国中国，让我和您一起拼搏

千斤重担您的嘱托，放心交给我
年复一年日月轮转，生命如歌
长江黄河滚滚东去，波澜壮阔
初心不改，砥砺前行，我们的大中国

百年的风雨，坚如磐石
青春同心，永远跟您走
您是我的，我的母亲
中国中国，让我和您一起拼搏

千斤重担您的嘱托，放心交给我
热血奔腾每寸土地，匹夫有责
长江黄河滚滚东去，波澜壮阔
风雨执着日月守望，我们的大中国
千斤重担您的嘱托，放心交给我
年复一年日月轮转，生命如歌
长江黄河滚滚东去，波澜壮阔
初心不改，砥砺前行，我们的大中国
我们的大中国

每人每年平均消费100斤以上的辣椒,湖南当地有200多个各具特色的地方品种辣椒。其中,最具影响力的是湖南的13个具有国家地理标志的辣椒产品,分别是株洲醴陵玻璃椒、株洲王十万黄辣椒、衡东三樟黄贡椒、邵阳宝庆朝天椒、岳阳樟树港辣椒、华容潘家大辣椒、郴州桂阳五爪辣、临武大冲辣椒、永州新田三味辣椒、张家界慈利洞溪七姊妹辣椒、桃源瓦儿岗七星椒、浏阳葛家鸡肠子辣椒等。最负盛名的,莫过宝

不怕辣的哥哥有几个

词曲:袁树雄
演唱:袁树雄

资江河边升起一团火 / 熊熊的火焰照亮我心窝
六十年的征程你和我 / 火红的辣椒火红的歌
资江河边燃起一团火 / 羞涩的姑娘热情的歌
捧一把辣椒在胸口 / 让你啊醉倒在资江河

不怕辣的哥哥有几个 / 嚼一口辣椒唱一首歌
唱得那个月亮笑弯了眉 / 唱得那个星星乐呵呵
不怕辣的哥哥有几个 / 嚼一口辣椒唱一首歌
唱得那个大地齐欢笑 / 唱得那个太阳永不落

消防战士之歌
——武警消防公益歌曲

作词：武警隆回消防大队
作曲：袁树雄

荷塘上红花绽放 / 江南油菜花飘香
抗洪大战驰名中外 / 抗冰之役千古流芳
多少次披星戴月 / 多少次摔倒受伤
大火弥漫的战场 / 我们从来不彷徨
向前进向前进 / 我们手握银色水枪
向前进向前进 / 红色战车无法阻挡
向前进向前进 / 我们是人民的武装
向前进向前进 / 我们保卫这片土壤

多少次洒落热血 / 多少次汗水流淌
为了祖国挥洒青春 / 我们献身消防
多少次披星戴月 / 多少次摔倒受伤
抢险救灾的战场 / 我们凝聚着力量
向前进向前进 / 红色战车无法阻挡
向前进向前进 / 我们是英勇的武装
向前进向前进 / 我们忠诚这片土壤

庆朝天椒。宝庆，即现在的邵阳。在《中国蔬菜优良品种》中，"宝庆朝天椒"被列为全国6个辣椒优良品种之一。用它加工精制的"邵阳干椒"在美国、日本、新加坡、马来西亚等国家都享有盛名。

辣椒原本产于拉丁美洲，明末自海路传入中国。清朝道光《宝庆府志》记载，宝庆辣椒"小者曰朝天椒，又名七姐妹，其味甚辣"。2009年，湖南卫视在制作关于隆回的节目时，导演组特意给长期在外的袁树雄布置了一首命题歌曲。

因为从小就是被家乡的辣椒辣出来的，袁树雄不到半天就完成了《不怕辣的哥哥有几个》的词曲创作。歌中，资江边美丽的姑娘手捧辣椒，正欢迎远方的客人。2009年10月21日中午，湖南卫视播放了袁树雄创作并演唱的《不怕辣的哥哥有几个》。

从此，隆回的宝庆朝天椒名声大振。如今，正大跨步地走出隆回，走向全国。

袁树雄是邵阳、隆回形象代言人，他不遗余力地宣传邵阳、宣传隆回。同时，他也是一些行业的形象代言人，譬如他是"邵阳消防宣传公益使者"，他也同样以歌声向社会发声，为人民服务。他与邵阳市消防救援支队相关人员深入交流，以一曲《消防战士之歌》赞美消防战士的勇敢无畏精神。袁树雄表示："消防宣传公益使者，这是一份荣誉，我将积极投身公益消防宣传，努力推动更多的人去关注消防安全，提升消防素质。"

家乡韵味

回到隆回后,袁树雄对家乡的眷恋与热爱之情在长时间的分别之后喷涌而出,他觉得自己对家乡贡献太少,于是拼命地创作以隆回为主题的歌曲。

因为离开家乡太久,很多人已经不太认识袁树雄。袁树雄决定打造一首以隆回方言作为重点元素的歌曲,拉近与家乡父老的距离。

平时,袁树雄经常邀请儿时的伙伴来他家里喝茶。一个偶然的机会,大家谈到了儿时的点点滴滴,一起回忆着生活在三合街时难忘的童年往事。坐在一旁的袁树雄被这些谈话内容触动了,很快就用手机记事本把一些有意义的话题记录下来。

袁树雄创作的黄金时间段一般是晚上,此时夜深人静。他尝试用民歌的方式进行创作,"三合街,大井眼,还不起床太阳晒屁股了"。歌曲从小时候住的地方三合街大井边说起,配合妈妈早上催他们起床时说的一句"还不起床太阳晒屁股了"的话,歌曲的框架便搭建起来了。

三合街

词曲：袁树雄

演唱：袁树雄

三合街 / 大井眼

还不起床太阳晒屁股了

清早起床鸡公叫 / 背起书包上学校

一条小溪放好多船 / 怕它翻上面放好多石头

有个小朋友叫刘艺辉 / 跟着我们到河里去游泳

打个裸胯到河里跳水 / 超儿几就在岸边报信

何得了他奶奶来了 / 后面带起个建平几

屁股一翘嘴巴一翻 / 骂的我们几个人没在家里

（他奶奶厉害啊）

有个剃脑壳的章板油 / 带的廖兵赖他们去摘橘子

夜里没人快点摘 / 他在里面咳嗽你讲何得了

三合街这里有个石头堂 / 宝儿几就住在坡坡上面
要他读书他就阉猪 / 天天只知道罢啪啪

三合街里有我的家 / 红砖白墙和黑瓦
三合街里有我的家 / 有我亲爱的爸爸妈妈

三合街这里有个小姑娘 / 小时候长得蛮漂亮
唱歌跳舞进了春晚 / 都讲伍保生有个好女儿

三合街大井边有个铁工社 / 和大爷在这里天天打铁
锤子一响又稳又快 / 难怪生个哈宝崽唱歌一绝
（和大爷要的啊）（和大爷就是我爸爸）

《三合街》这首歌从清早起床开始唱起，唱到去上学的路上，再到小伙伴们如何顽皮打闹，夜晚去农田偷偷摘别人家的橘子，最后被奶奶追赶着逃走。配合家乡的方言俚语，这首歌很快出炉了。

　　生动活泼的曲风、诙谐幽默的歌词、亲切欢快的叙事性方言说唱，让人捧腹大笑，大家仿佛一下就回到了难忘的童年。歌曲瞬间在网络上传开，在隆回本地更是家喻户晓。从此，很多隆回人开始熟悉袁树雄这个名字。

　　"三合街里有我的家，红砖白墙和黑瓦；三合街里有我的家，有我亲爱的爸爸妈妈。"回到隆回后的第一首作品让袁树雄尝到了不一样的创作乐趣。他的创作与演唱风格开始慢慢改变，从前他是写苦情歌的"抒情王子"，现在的他则是一个传播家乡文化的正能量歌手。他深入基层，歌唱生活，创作的歌词朗朗上口，音乐节奏动感十足。

　　他后来创作的《撸鼎锅》与《三合街》风格不一样。后者是方言风格，走本土路线；前者则是用普通话宣传本土非遗文化，走流行线路，但两者的共同点都是讲述本土文化的传承。

　　撸鼎锅，俗称"补锅"。《撸鼎锅》这首歌唱的是即将失传的传统补锅手工艺，以及妈妈缝缝补补又一年的真实生活，突出了中华传统手工艺文化与时代发展之间的对比，更显沧桑之感。

撸鼎锅

词曲：袁树雄

演唱：袁树雄

撸鼎锅哦 / 这声音又在悠长的小巷飘过

孩子们跟着师傅在走 / 跟着他一起唱这动人的歌

撸鼎锅哦 / 师傅的吆喝又在大街小巷飘过

妈妈放下手里的活 / 拿起屋里的鼎锅去补锅

火炉旺旺呦 / 师傅来补锅

补好的锅你装满水 / 漏水我分文不收

火炉旺旺呦 / 妈妈在补锅

缝缝补补又三年 / 日子就这样过

时光你慢些走 / 岁月不回头

师傅啊师傅你哪去啦 / 为何淡出我的生活

时光你慢些走 / 岁月不回头

模糊的背影熟悉的街 / 再也没有你的吆喝

撸鼎锅哦 / 这声音又在悠长的小巷飘过

孩子们跟着师傅在走 / 跟着他一起唱这动人的歌

撸鼎锅哦

回到隆回工作后的第五年，袁树雄抑制不住对家乡的赞美之情，一连创作了《你好隆回》《大隆回》《宝庆府》三首歌曲，都是讴歌家乡，"美丽的大隆回，我们都爱着你，你是春风中阳光下，一首唱不完的歌曲"。这几首歌都在推荐家乡的旅游与家乡的特产，歌词介绍怎么来隆回、隆回有什么，部分段落用了方言。袁树雄预感隆回的旅游一定会让外界瞩目，他相信以后的隆回，一定会有大批外地游客，就像歌中所唱的"美丽的大隆回，让我在这遇见你"。如今的隆回，真的像歌中所唱，外地游客络绎不绝，旅游热度倍增。

魅力隆回

你好隆回

词曲：袁树雄
演唱：袁树雄

春风满面阳光正好 / 熟悉的大街老家的味道
来一碗家乡的牛肉面 / 煮一碗甜酒冲鸡蛋
你好你好啊你好 / 你好你好隆回你好
你好你好啊你好 / 你好你好隆回你好
魏源故里稻穗飘香 / 呜哇山歌高声地歌唱
热热闹闹的高铁广场 / 郝水穿越城市的中央
你好你好啊你好 / 你好你好隆回你好
你好你好啊你好 / 你好你好隆回你好
生如唐诗花落在谁家 / 你悄悄改变你的模样
朝暮春秋尽藏天下 / 你好隆回最美的家乡
春风满面阳光正好 / 熟悉的大街老家的味道
一方水土养一方人 / 一方山水育一方情
你好你好啊你好 / 你好你好隆回你好
你好你好啊你好 / 你好你好隆回你好
魏源故里稻穗飘香 / 呜哇山歌高声地歌唱
热热闹闹的九龙广场 / 地下街道灯火辉煌
你好你好啊你好 / 你好你好隆回你好
你好你好啊你好 / 你好你好隆回你好

大隆回

词曲：袁树雄

演唱：袁树雄

在阳光灿烂的季节里 / 你打扮得很客气

坐火车坐飞机 / 长沙大巴坐一百块钱

就来到了我的家里 / 家人都很客气

欢迎着远方的你 / 龙牙百合炖骨头

剁辣子炒麻蛔 / 香喷喷地等着你

美丽的大隆回 / 让我在这遇见你

美丽的金银花 / 诉说花瑶姑娘的美丽

美丽的大隆回 / 我们都爱着你

你是春风中阳光下 / 一首唱不完的歌曲

在阳光灿烂的季节里 / 你打扮得很客气

坐火车坐飞机 / 长沙大巴一百块钱

就来到了我的家里 / 家人都很客气
欢迎着远方的你 / 猪血丸子炒腊肉
豆腐渣炒韭菜 / 香喷喷地等着你

美丽的大隆回 / 让我在这遇见你
滩头的年画 / 诉说老鼠娶亲的甜蜜
美丽的大隆回 / 我们都爱着你
巍巍九龙山 / 神龙荣归在故里
美丽的大隆回 / 让我在这遇见你
美丽的金银花 / 诉说花瑶姑娘的美丽
美丽的大隆回 / 我们都爱着你
你是春风中阳光下 / 一首唱不完的歌曲

宝庆府

词曲：袁树雄

演唱：袁树雄

二千五百年的风雨 / 造就我铁打的宝庆
人杰地灵好勇重义 / 繁华富庶几千年
千年文化的沉积 / 结出硕果累累
历史变迁的长卷 / 浓墨依旧光鲜

魏源睁眼看一看世界 / 蔡锷护国战旗卷
丹霞崀山举世无双 / 八十里南山大草原
资江水浩浩荡荡 / 万家灯火鱼米乡
花鼓一曲高声唱 / 好一段壮丽的画卷

铁打的宝庆我们固若金汤 / 你用一个个故事美了雪峰山
铁打的宝庆千年不老的神话 / 你用历史的风烟
醉了这诗篇

千古宝庆的好儿郎 / 忠肝义胆闯四方
运筹帷幄的大英雄 / 三分天下是邵商
敢爱敢做敢担当 / 满腔热血在胸膛
互帮互助亲如一家 / 为家乡为父母做拼命三郎

铁打的宝庆我们固若金汤 / 你用一个个故事美了雪峰山
铁打的宝庆千年不老的神话 / 你用历史的风烟醉了这诗篇

铁打的宝庆我们铁壁铜墙 / 你用一个个传奇美了雪峰山
铁打的宝庆灵魂栖息的故乡 / 你用深沉的爱恋
陪伴我们到永远

写给老村长和种茶人的歌

袁树雄在隆回县文化馆工作，他的主要任务是音乐创作与歌唱演出。每年，政府都会有送戏下乡的任务，这些任务自然就落在了文化馆的肩上。隆回县域南北距离远，有时下乡演出到偏远的小沙江、虎形山一带时，工作人员一留就是一个星期，甚至干脆就住在农民家里。袁树雄因为经常下基层走农村，与农民接触的时间越来越多，耳闻目睹村干部为村民办事的默默付出。尤其是前几年，村干部带领村民脱贫、建设美丽乡村的举动，一桩桩，一件件，都让袁树雄感触颇深。

向家村，一个处于穷乡僻壤的小山村。这里交通闭塞，山多田少，土地贫瘠，十年九旱。村民种地的收成极差，大部分劳动力只能常年在外务工。

2014年脱贫攻坚战在全国打响后，从向家村走出去的民营企业家向长江将户口从县城迁回老家，竞选村主任。当时，全村252户1008人，建档立卡贫困户有95户218人，村民年人均纯收入不足2000元，村集体收入为零。向长江当选后,他向父老乡亲承诺:自带资金帮扶,分文不取;苦干三年,确保脱贫!

向长江在自己的企业——湖南省华兴实业发展有限公司中成立扶贫工作队,长期驻村,每一个子公司对口帮扶村里的一个村民小组;公司管理人员每人结对帮扶一户贫困户;公司 2000 多名员工,轮流到村里做志愿者,形成独具特色的"乡贤任村官、企业做后盾、村企携手行、全力保脱贫"的帮扶模式。

从 2017 年起,向家村全面启动旅游开发建设,让村民参与入股或承包经营,每年承包费全部作为村集体收入。同时不断加大生态环境建设,增强保护力度,开展大规模植树造林活动。另外,成立村民议事会、乡风文明理事会、乡贤理事会、禁赌禁毒会、人民调解委员会和志愿者服务队,强化村民自治,提升乡风文明。

在大家的共同努力下,向家村荣获"全国文明村""全国乡村治理示范村""中国乡村振兴示范基地""中国美丽休闲乡村"等多个国家级荣誉称号。

其实,在隆回当地,还有很多像向长江这样为村民默默付出的村干部。他们经常走访村民,帮大家解决实际困难。袁树雄和同事们也都有各自的帮扶对象,他们亲身经历过与老百姓同吃同住的日子。民族要复兴,乡村必振兴。2017 年,有感于每一个乡村振兴的动人故事,袁树雄创作出《老村长》,送给那些为脱贫攻坚、乡村振兴而付出辛勤汗水的英雄们。

老村长

词曲：袁树雄

演唱：袁树雄

你从大山来 / 憨厚的模样

你是农民的儿子 / 我的老村长

你脚踏坚实的大地 / 稳稳地走啊

你关爱全村的父老 / 我的老村长

村长见人就一口笑 / 不管男女和老少

撸起个袖子加油干 / 贫困乡村来改造

修马路修水利修学校 / 埋头苦干把建设搞

乡村振兴美丽村 / 谁不说俺家乡好

你从大山来 / 憨厚的模样

你是农民的儿子 / 我的老村长

你脚踏坚实的大地 / 稳稳地走啊

你关爱全村的父老 / 我的老村长

向家村一家蛮大的人 / 深山老林地势高

你起早贪黑眼闭没困好 / 期待收成一年比一年高

张三今天身体不好 / 王麻子家里情况不妙

你派人派车派干部 / 问寒问暖做得真的好

你是老大哥 / 我的老村长

你每次的微笑 / 温暖着我胸膛

你献的每份爱心 / 都格外有分量

你是高高的大树 / 让我们好乘凉

你从大山来 / 憨厚的模样

你是农民的儿子 / 我的老村长

你脚踏坚实的大地 / 稳稳地走啊

你关爱全村的父老 / 我的老村长

父亲的手

词曲：袁树雄

演唱：袁树雄

父亲的老手在大锅上翻捧 / 柴火旺旺您把握着火候

鲜嫩的叶子慢慢卷缩 / 瘦长的身影坚韧的背后

父亲的老手烫得红彤彤 / 旺旺的柴火您小心着火候

一遍遍翻滚一遍遍搓揉 / 一芯一叶香味渐浓

拉起父亲的手我忍不住泪流 / 岁月的皱纹慢慢爬满您的额头

您长满老茧的双手，日夜为家奔波

茗茶一杯幸福长留静心度春秋 / 拉起父亲的手一股暖流在心头

奇山异水养育茶山的我 / 巍巍雪峰山环绕幽幽平溪水长流

大山孩子谁不爱自己家乡的歌

那一片叶子

词曲：袁树雄
演唱：袁树雄

老邹老邹你在做什么 / 抓只老母鸡送到您家门口
艳阳高照太阳出来了 / 染红了故乡的山坡坡

女儿今年大学毕业了 / 那一片叶子改变了我的生活
一方水土养育一方的我 / 一方山水有一方情

老邹老邹我的老邹 / 欢迎您来到我家里做客
上座上座请上座 / 敬您一杯家乡的一都红
老邹老邹我的老邹 / 大山的叶子深情的守候
山泉香甜家乡的水 / 初火闲煮香香的一都红

袁树雄很喜欢喝茶，尤其是红茶，所以生活中结识了不少喝茶人，包括种茶人。

《父亲的手》与《那一片叶子》，讲的就是种茶人的故事。

《父亲的手》以雪峰山古楼茶农的生活故事为背景，以父子亲情为依托，结合传统人工炒茶等手工艺制作，歌颂千千万万勤劳致富、用双手创造美好的生活的农村家庭。

肖奇山，湖南洞口人，父亲肖树检是古楼茶叶传承人。第一次去古楼，袁树雄看着肖树检的老手，心里一阵阵的酸楚，因为这是一双因为经常手工炒茶叶而起了厚厚老茧的手。一代代茶人，不仅用汗水与艰辛托起全家的生活重任，更是用勤劳与坚守，传承着博大精深的茶文化。

因为感动，袁树雄创作了一首《父亲的手》。歌词感人，旋律优美，情感丰富。演唱时，袁树雄仿佛在唱自己的父亲，感受着父亲生活的不易以及对茶文化常年的坚守。

与茶农邹方晴相识，是在隆回县政协的一次茶话会上。政协委员涂晶在台上表演精湛的茶艺，台下众人一起品尝隆回本土茶叶"一都红"，场面亲切，茶味香甜。随后，在涂晶的介绍下，袁树雄前去拜访茶农老邹。

老邹为人憨厚，特别本分，说话客气小心。在老邹的茶园里，袁树雄看到了一个执着的男人对大山的守护，一种勤劳的种茶人对每一片叶子的深情。袁树雄耳闻目睹当地老百姓对老邹的赞美，特别是在听说一个刚大学毕业回家的女孩给老邹送来一只自己家里喂养的土鸡后，袁树雄被深深地感动了，决定为老邹创作一首歌——《那一片叶子》。

袁树雄创作歌曲最大的特点就是直白、真实、接地气。歌曲以普通茶农的身份,歌颂种茶带头人老邹带领乡亲们种茶制茶,以茶业助力乡村振兴。歌曲从女孩随父亲一起来给老邹送鸡开始,到"女儿今年大学毕业了,那一片叶子改变了我的生活",像是在讲述一个故事。

《那一片叶子》荣获邵阳市2023年社会科普及主题活动周暨第五届"邵阳红"文化节优秀歌曲奖,是一部乡村振兴题材的好作品。

出发与归来

2018年12月26日,怀邵衡高铁全线开通运营。怀邵衡高铁连接沪昆、京广两条高铁,三者一起形成湖南"金三角"高铁网络闭环。作为怀邵衡高铁一站中的隆回,从没有高铁到一夜之间进入湖南"金三角"高铁网络闭环圈,并直接被纳入全国高铁网,这种跨越式的发展,真是让人不敢想象。

怀邵衡高铁隆回段是隆回县历史上投资额最大、涉及面最广、带动力最强、影响最深远的"国字号"工程,它填补了湘西南多个县市的铁路路网空白、加密了湘西南地区横向铁路通道、增加了路网运输能力、促进了区域经济活力。这一条铁路更是中西部地区通往东南、华南的快捷通道。怀邵衡高铁隆回段的正式通车,是隆回县发展史上具有划时代意义的重大事件。从2018年12月26日开始,隆回结束了不通铁路的历史,迎来了"高铁进隆回,发展新速度"的新时代。

怀邵衡高铁隆回段本身就是一条美丽的风光走廊,几乎每一千米就

隆回高铁站

有一座桥梁或隧道。列车在桥隧相连中穿越高山、峡谷、河流、原野。窗外不断变化的民居民宿和顺山而上的梯田坡土，形成数道美丽的风景线。车窗外连绵不断的小山，在水与绿色的平畴上不断变化，让人们遐想万千、浮想联翩，乘坐怀邵衡高铁来魏源故里观光旅游的人们，不仅到目的地可以赏到美景，还可以欣赏沿途毫不逊色的风景。

怀邵衡高铁隆回站开行的第一天，许多观光游客乘坐高铁来到隆回，正是高铁的开通为游客节省了时间，让更多的人能够踏上旅游之路，圆旅游之梦。

在开创隆回历史新篇章的高铁开通之际，袁树雄倾心创作了一首荡气回肠、极具纪念意义的歌曲——《祝福的美酒敬故乡》，歌颂家乡翻天覆地的变化，表达在外游子对故乡的深深思念。正是因为高铁的开通，方便了在外的游子回家，"游子在外思故乡，赤子情怀把歌唱；心随幸福的动车飞扬，祝福的美酒敬故乡"。

《祝福的美酒敬故乡》唱的是游子思归，《我记住了你的名字》写的则是心有大爱的人的坚毅出发。2019年年底暴发的新冠肺炎疫情，牵动着全国人民的心，抗击疫情的一线涌现出很多动人的故事。

2020年1月28日晚，湖南再次派出137名医护人员驰援湖北。在医疗队出发前，时任省委副书记、省长许达哲前往长沙火车南站站台为医疗队送行。在长长的出征名单中，省长记住了一个20岁隆回姑娘的名字——陈琳琳，这个姑娘是第二批援鄂医疗队中年龄最小的成员。在

祝福的美酒敬故乡

词曲：袁树雄

演唱：袁树雄

你迈着轻盈的步伐 / 走在春天的路上

风吹拂肥沃的泥土 / 散发着醉人的芳香

夕阳余辉微波荡漾 / 万家灯火鱼米乡

百花争艳春意盎然 / 祝福的美酒敬故乡

读万卷的书也读不完 / 你灿烂的历史文化

行万里的路也走不尽 / 对你的一片衷肠

游子在外思故乡 / 赤子情怀把歌唱

心随幸福的动车飞扬 / 祝福的美酒敬故乡

故乡啊我的故乡 / 那里有我们的家

故乡啊我们的故乡 / 有我的爹和娘

游子在外思故乡 / 赤子情怀把歌唱

心随幸福的动车飞扬 / 祝福的美酒敬故乡

长沙高铁站,省长为逆行英雄们送行时说:"我看了所有名单,年龄最小的是来自隆回的陈琳琳,我记住了你的名字,祝你们凯旋!"

当听到省长说出"隆回"两个字的时候,袁树雄下意识地打起精神,仔细观看,生怕错过了每一个细节。除了自己的家乡被提到,这批逆行英雄中年龄最小的居然是他们勇敢的隆回人!当时,袁树雄特别激动,他当即就想借用省长的这句话"我记住了你的名字"来写首抗疫的歌曲,讴歌这些最美的平凡人!

我记住了你的名字

词曲:袁树雄

演唱:袁树雄

拥抱亲爱的妈妈 / 你毅然踏上逆行的战场

就算路途再艰难 / 请等我平安归来吧

我看到洁白的衣裳 / 在黑暗中发光

我听到爱的召唤 / 不忘初心斗志昂扬

我记住了你的名字 / 你不分昼夜在战场

记住了你的名字 / 你是最美的姑娘

扬帆起航,乘风破浪 / 同舟共济,平安归航

正在演唱的袁树雄

　　袁树雄搜集了医护人员出征前的照片以及到达湖北的一些资料，他印象最深的是妈妈送别孩子时依依不舍的神情，于是整首歌就从"拥抱亲爱的妈妈，你毅然踏上逆行的战场"开始，高潮部分反复吟唱"我记住了你的名字"来深化主题。当天晚上，歌曲的小样出来了。

　　2月4日上午，袁树雄在电脑上完成歌曲的录音，歌曲的旋律与演唱激情、高亢。歌曲发布后，社会反响十分强烈，马上被"学习强国"、湖南日报、红网等主流媒体推介。

NIHAO, LONGHUI

你好，隆回

让隆回走向世界

让世界了解隆回

梦想成功

成名之后

让隆回走向世界

《早安隆回》火了以后，袁树雄还是那个袁树雄，依然质朴、真诚、低调，他充满激情地奔跑在大幅度宣传家乡的路上。他想借《早安隆回》的长风，让隆回走出去，走出湖南，走向世界；让外面的人走进来，看看隆回的风土人情，看看祖国的大好山河，尝尝这里的美食，体验博大精深的中华文化，加深世界人民对中国的了解。他要创作更多充满阳光、带有泥土气息的音乐。自己满怀希望，也把希望带给别人。

因为梅西，2022年的卡塔尔世界杯足球赛多了更多看点，多了更多悬念，多了更多话题，比赛变幻莫测、险象环生。临近比赛结束时，球迷们对梅西的一记点球定乾坤，兴奋不已。

球赛结束了，全世界的球迷疯狂了！

世界就是这么奇妙，《早安隆回》遇上了世界杯。

在世界杯开始前，《早安隆回》抖音的播放量已经达到15亿次了，而且播放量每天都在上升。世界杯比赛期间，球迷在为每一场比赛加油呐喊。球场上的激情与热血,与《早安隆回》催人奋进、勇往直前的风格格外协调。很多人在短视频平台上发布世界杯视频时,多选择用《早安隆回》作为背景音乐。于是,歌曲的播放量快速猛增,尤其当最后阿根廷队夺冠,梅西捧杯后的小碎步视频推出后,也把背景音乐《早安隆回》推向了高潮。瞬间,歌曲爆火。很多人说这是给梅西定制的专属中文背景音乐。《早安隆回》与梅西结下了不解之缘。

在数次采访中,袁树雄也谈及自己与梅西的关联:

> 我与梅西有很多相似之处,首先,大家都到了事业极限的年龄。梅西夺过太多的足球冠军,但是唯独没有得到过世界杯的冠军奖牌,而到了快退役的年纪,终于在自己的不懈努力下,圆了自己的梦想,获得了卡塔尔世界杯的冠军。而我也是到了几乎快要放弃梦想的年纪了。记得有次我对儿子袁旦说:"儿子啊,爸爸这辈子事业基本就这样了,想要作品在全国冲出来没戏了,所以你要好好努力,以后帮爸爸去实现这个梦想,到那个时候,爸爸就给你当经纪人算啦。"这话说出来没到半年,好运终于来了,几乎一个月时间,我实现了三连跳,上了湖南卫视跨年晚会,歌曲播放量破百亿,作品上了央视春晚。跟梅西一样,在这最后的时刻,老天爷眷顾了我!
>
> 其次,梅西有3个孩子,我也有3个孩子,巧合的是

梅西后面两个小的孩子跟我后面两个小的孩子是同年出生的，一个 2015 年，一个 2018 年。

第三，我与梅西的童年，都是经历坎坷与磨难的童年。梅西小时候身体吃过不少苦头，而我小时候得过小儿麻痹症。不过最终我们没有屈服于命运，我们用自己顽强的意志，改变着人生。

因为《早安隆回》与世界杯足球相遇，与阿根廷的梅西结缘，2023 年 1 月 29 日，农历大年初八，阿根廷驻华大使牛望道携妻子一行访问隆回。在当地富有花瑶特色的篝火晚会上，大使与瑶族人民一起载歌载舞，共庆中国兔年新春佳节。

在隆回最具代表性的美丽乡村——岩口镇向家村，牛望道大使登上向家村牛天岭广场，感叹中国乡村振兴的成就和村庄的美丽，并与向家村农民足球队进行了一场友谊赛，热情邀请向家村的小伙子前往阿根廷游玩。

在隆回访问期间，牛望道大使会见了我，并去了我家里。我们开心地交谈着足球，聊着梅西，聊着音乐，弹起吉他，我们一起演唱了这首连接中阿友谊的歌曲。牛望道还盛情邀请我去阿根廷开展文化交流。作为阿根廷球迷，我十分欣喜，赠给牛望道大使一张签名专辑。

2023 年 6 月，卡塔尔世界杯夺冠后阿根廷队首场出访

2023年，阿根廷驻华大使牛望道来隆回

比赛，就放在了中国，梅西也如约来到北京工人体育场，参加对澳大利亚的足球友谊赛。我有幸被组委会邀请，参加了足球赛中场的演出，组委会官宣的标题是"《早安隆回》原唱袁树雄与梅西，跨越时空的相遇"。在比赛前，我被安排在贵宾室。在贵宾室，我有幸再次见到了前来观战的牛道望大使。与牛大使的见面亲切、自然，就像老朋友间的再次相聚。大使先生亲切地呼唤着"兄弟兄弟"，并把我介绍给阿根廷驻华文化参赞，期待中阿文化进一步交流。我高兴地向大使先生赠送了家乡的国家非物质文化遗产滩头年画以及我最新发行的专辑《早安隆回》，大使先生开心地说着"合影合影"，并在我的册子里签上了他的大名。

令人高兴的是，在比赛现场的球员通道，我见到了偶像梅西。因为中场需要现场演唱《早安隆回》，工作人员提前10分钟就把我带到了球员通道。在这里刚把演唱耳麦佩戴完毕没多久，球赛上半场结束了，球员们陆续回到球员通道并进入他们的休息室。在通道路口，我看到梅西低头健步走了进来。当他路过我身边时，我们目光相对，彼此微笑点头。考虑到自己手持话筒一身演出正装即将登场演唱，加之身边没有翻译人员，我们并没有过多交流。不过举办方告诉我，梅西9月份还要来中国，与梅西的缘分，会一直都在！

《早安隆回》彻底出圈后，全球许多国家都在播放以及传唱我们的歌曲。目前，也有多个国家在联系我们出国演出与文化交流的事宜。2023年8月，我们将应邀出访新西兰与汤加王国，在南半球激情绽放我们的《早安隆回》，让隆回的歌声、家乡的文化，一步步走向世界。

我相信，音乐文化与体育文化的完美碰撞，对家乡隆回又是一次非常好的推广与宣传。这一切都是上天最好的安排。

让世界了解隆回

一首歌火了一座城，隆回文旅发展有了新引擎。网友从四面八方跨越千里来到隆回，只为看一眼这座湘西南小城，或期待与袁树雄见上一面。

《早安隆回》的出圈，吸引全国各地的粉丝前往隆回。春节后，隆回的高速公路和服务区堵车严重，有人到隆回后下车拍个照，有人到《早安隆回》MV画面里出现过的"隆回站"打卡，更多人则是想找机会见见演唱歌手，顺便握手合影留念。然而，袁树雄当时活动繁多，经常在外奔波，让太多前来打卡合影的朋友留下了遗憾。不过为数不多的在家的日子里，袁树雄与外地粉丝的几次见面，令人格外感动。

37岁的吉林小伙姚家鑫，人称大姚，是一名歌唱主播，他经常在直播间唱《早安隆回》。因为这首歌，他特别向往隆回。于是，他开启了一场说走就走的旅行。7天，行程3000多千米，跨越大半个中国，他想探究歌曲中的隆回到底是一个怎样的地方。7天的时间，大姚每天驾车行驶十几个小时，都是走国道，尽管"行驶速度慢一点，但可以节省过路费,更划算"。他一路前行,同时一路直播,与网友互动,并说着自己此行的目的——"去隆回见袁树雄老师"。

2022年12月23日晚上,大姚成功抵达隆回,踏上了这片神奇的土地。当晚,他来到隆回站的广场,开始到隆回后的第一次直播。他告诉粉丝们,他来到了隆回,盼望见到袁树雄。

第二天,大姚在抖音里给袁树雄发了信息。平常,只要看到抖音里的信息与评论,袁树雄都会一一回复,但由于春节过后非常忙碌,他只能偶尔或者仓促地回复几条信息。那天大姚运气很好,正好碰上袁树雄回家,也正好碰上他打开了抖音。看到人家千里迢迢来看自己,袁树雄欣然赴约。

大姚见到袁树雄后,特别兴奋。他们又是握手又是拥抱,就像两个好久不见的老友。

"不容易啊!"姚家鑫的经历让袁树雄感慨万千,"无论是对于音乐,还是生活态度,你这勇往直前一路前行的精神,就值得我过来见你。"

大姚对隆回的印象非常好,说隆回干净、整洁、漂亮,不像一个普通县城,直夸隆回人民真诚、热情!并一再表达自己对隆回的喜爱。

短短几天的隆回之旅,在吉林小伙大姚的心中,留下了难以忘怀的"隆回印象"。

在隆回站,他们一起放声歌唱《早安隆回》。在歌声中,藏着他们对隆回的美好祝愿,也藏着吉林小伙因一首歌认识一座城的情缘。

居住在北京的阳光大伯夫妇,已有70多岁。因为《早安隆回》这首歌,夫妇俩商量去歌中的隆回看看,于是买了高铁票,顺利抵达了隆回。夫妻俩在隆回住了一夜,逛了隆回的夜市,在高铁站广场与沿江大道拍了很多照。两人对隆回这个神奇的地方充满了向往,只是老人家嘴里一直念叨,"要是在这里见到《早安隆回》原唱袁树雄就好了"。

第二天天亮,夫妻俩来到了隆回最繁华的闹市区——桃洪中路人民广场,一路上向行人打听,怎样才能见到袁树雄?上午8:30,两人进广场对面的一家店吃早餐,不甘心的老人家与服务员聊了起来:"我们是冲歌曲《早安隆回》来的,请问可以帮忙让我们见到袁树雄吗?"

热情的服务员抱着试试看的心态,找到了袁树雄的抖音,并发送了一条信息说,袁老师,有一个北京的老爷爷来隆回了,他非常想见到你!

正好,刚刚起床的袁树雄打开了手机,看到了这条陌生的信息。老人的运气不错,袁树雄一直在外忙碌,今天正好在隆回。看到外地的老人家特意来隆回看他,他毫不犹豫地回复了信息:"请告诉我地址,我马上到。"

于是,在服务员的帮助下,不到十分钟,袁树雄出现在夫妻俩的面前。当老人家确信出现在自己面前的是袁树雄时,控制不住情绪,像个孩子似的放声哭了起来。袁树雄也一把抱住两位老人。

《早安隆回》火了之后,每天来打卡见袁树雄的人络绎不绝。就算袁树雄经常不在家,粉丝们也会把带来的小礼物放到隔壁二叔家,大部分人会对着房子拍照留念。袁树雄收集信息后发现,除了西藏,全国各个省份,都有粉丝前来打卡。

梦想成功

2023年1月5日,袁树雄正在家里喝茶,突然接到杭州亚运会组委会的电话,说希望他能给亚运会写首歌。当时,他以为自己听错了。与他对接的是组委会宣传部工作人员王子人,两人加了微信后,王子人再次跟袁树雄说了"杭州亚运会定向邀约歌曲协议"。此时袁树雄才相信,亚运会确实在向他邀歌。

2023年2月24日,一篇《〈早安隆回〉创作者袁树雄现身杭州,他为亚运会写了一首歌》的文章出现在杭州市委、杭州市人民政府的官网上,同时在杭州2022年第19届亚运会官网上发布。

文章说,2022年卡塔尔世界杯"火"了一首中国歌曲——《早安隆回》,一首因体育赛事而爆火、适合搭配成励志短视频BGM的音乐,正是当下杭州亚运会主题歌曲征集活动所期待的音乐。

后来,袁树雄在提及自己为亚运会写歌,而且极有可能在亚运会上演唱时,说:

在学生时代，我是一名艺术特长生，也是一名体育特长生。能作为嘉宾出席高水平的体育盛会，是我儿时的梦想；能在体育盛会中演唱自己创作的歌曲，这也是我儿时的梦想。这两个梦想一直是我追求的目标。真的要感谢杭州亚运会组委会，我的两个梦想要实现了。

兴奋之余，我也在思考，如何让一场赛事燃爆一首歌，如何让一首歌成为回忆一场赛事的主旋律？对于杭州亚运会，我充满了期待。

杭州是一个国际大都市，要表达的东西有很多：和谐、温暖、文明、激情。我希望为杭州亚运会创作一首朗朗上口的动人歌曲，更希望这首歌能够再次火起来，为杭州亚运会增光添彩。

一直生活在基层做音乐工作的我们，很清楚时下的大众想听什么、爱听什么。我觉得一首好的亚运会歌曲，除了歌颂体育精神、城市形象，同时也要歌颂那些顽强拼搏的运动员，他们在最美的年华，为了实现自己最美的梦想，用尽全身的力量和技巧，去赢得观众的尊重和信仰，我们应该为他们加油鼓掌。

四年一届的亚运会，是亚洲最高运动会的舞台，它需要激情，需要力量，需要一首听后能给人感悟，能让人热血沸腾的歌曲。于是我给歌曲取了名字《生命的力量》。

生命的力量

词曲唱：袁树雄
伴唱：袁旦、袁迪桑、王进

珠穆朗玛圣洁的光 / 闪耀在古老的东方
亚细亚燃烧的激情 / 掀起我们心中的波澜

奥林匹克旗帜飘扬 / 亚运圣火在点亮
最美的年华最美的梦想 / 让我们变得更高更强

让生命温暖着生命 / 让力量激发着力量
文明的曙光，人间的天堂 / 为你加油，为你鼓掌

让生命温暖着生命 / 让力量激发着力量
文明的曙光，人间的天堂 / 为你喝彩，为你疯狂

兄弟姐妹欢聚一堂 / 一起欢笑拥抱希望
最美的年华最美的梦想 / 让我们变得更高更强

歌词中首先出现世界的最高峰珠穆朗玛，意味着亚运会就是为创造最高最好的成绩而设的，而且用圣洁两字来形容珠穆朗玛的光，来突出亚洲的独特魅力。世界最高处圣洁的光闪耀在古老的东方，寓意着亚洲的古老文明；紧接着亚运会燃烧的激情，掀起了我们每个人心中的波浪，象征亚运会人们的热情高涨。主歌第二段突出运动健儿在最美的年华，实现人生最美的梦想，寓意亚运会充满活力，是一个运动员圆梦的大舞台。

歌曲副歌高潮部分围绕着亚运会的理念"让生命温暖生命，让力量激发力量"来引发共鸣，同时推介"文明的曙光杭州，人间天堂杭州"。我们除了给运动员鼓掌加油，同时也为举办地中国杭州喝彩疯狂！

此次亚运会的歌曲征集活动吸引了众多国内外友人的关注和支持，同时还吸引了国内外一线音乐创作人。作为组委会定向邀约的歌曲之一，我真的很期待为杭州创作"爆火"作品，希望歌曲《生命的力量》能够在杭州亚运会的现场激情绽放。

2023年6月20日，第19届杭州亚运会组委会宣传部文化教育处处长、原国际泳联开幕式导演杨允金打来电话，邀请我参加7月份在杭州举办的亚运会倒计时100天的亚运会歌曲展演晚会，并现场演唱《生命的力量》。这是亚运会迄今为止最重要的一场亚运歌曲的展示演出，我特别珍惜，同时特别感谢组委会给予的这次难得的学习机会！

不管怎样，能够在亚运会有关的晚会现场演唱自己创作的亚运会的歌曲，对于我来说，又是一次重大的挑战与胜利，我仿佛也像一名运动员，在人生的赛场上，向着更高更强的目标，奋勇前行。

袁树雄的梦想在一步步成真。7月14日晚，在杭州亚残运运会倒计时100天主题活动中，他唱响了自己创作的歌曲——《生命的力量》。

在杭州富阳水上运动中心演唱完这首3分多钟的歌曲后，袁树雄感觉意犹未尽。这首《生命的力量》作词、作曲、演唱皆由袁树雄一人完成，旋律和歌词相辅相成，融入了他对亚洲文明和亚残运会精神的独特理解。

在即将召开的亚运会上，袁树雄期待一展自己的歌喉，观众们盼望一睹袁树雄的风采。

成名之后

《早安隆回》的爆红非常突然,很多人都称其为现象级"神曲"。袁树雄由一个普通人,变成一个大家熟知的公众人物。对于袁树雄而言,成名后的生活变化巨大,首先是时间不属于自己,其次是无论走到哪里,都会成为众人瞩目的对象。不过,因为生命中经历过太多的波折与磨难,袁树雄依旧沉稳如常,没有忘了自己的初心。

成名后,支持袁树雄粉丝多了,一些不怀好意、不明真相的挖苦讽刺的人也多了。袁树雄知道,作为一名公众人物,难免会被评头论足,所以他对那些评价根本没往心里去,也从来不回怼恶意的声音。他觉得总有一天,那些不了解的人会了解自己,他的身后,有太多默默关注与支持自己的人。

除了受到关注,袁树雄的活动也多了。那段时间,袁树雄几乎天天与各种媒体记者打交道,不是今天采访,就是明天拍摄。还有一个繁重的工作就是演出,大部分属于公益演出。袁树雄对真正的公益活动从来都是积极参加，差旅费自理。在很多公开的场合，袁树雄总是强调一句话："我不属于我自己了，我属于我的家乡隆回。"

在自家屋前亭子下晒着太阳、坐着喝茶的机会没了；在自家院子里种点小菜、喂几只小鸡的时间也没了；周末与伙伴们一起烧柴火饭、喝点农家米酒的日子也不见了。每天就是奔波于各个城市之间，出席各种活动。每每在高铁站、机场或是酒店，经常会碰到认识和不认识的朋友合影留念。袁树雄感觉自己的言行举止，再也不能像从前那样轻松随意，因为有太多人在关注着他。

30多年的音乐追梦之路，一路走来，袁树雄一直用自己第一张专辑发行时常说的话鞭策自己："不以物喜，不以己悲，做自己该做的，奋斗自己该奋斗的。"这些年，面对前途渺茫、事业难成的时候，袁树雄也曾彷徨、迷惑过。但他常常想，成功哪有那么容易？"故天将降大任于斯人也，必先苦其心志，劳其筋骨，饿其体肤，空乏其身……"从来就是如此。

袁树雄的故事，给很多人启发和激励。有个粉丝，30多岁，经历了数次事业失败。在他感到人生无望甚至想过放弃的时候，一曲《早安隆回》，让他重燃了生活的希望——袁树雄50岁了还能成功，自己才30多岁，为什么要放弃呢？于是，小伙子鼓起勇气，与袁树雄加为好友，向他敞开心扉，并感谢他给予自己这份勇气与信心。在前进的道路上，袁树雄更多的是抱着坚持的决心和积极的期待，当别人陷入困惑，甚至难以自拔时，他带给别人的，是自信和希望。

是的！成功不怕晚，五十又怎样？

50岁是什么？年过半百。有些人到了50岁，会改变自己的想法，觉得上半生坎坎坷坷，都为别人活；下半生就该潇洒走一回，为自己活一回，活得精彩。

在回顾自己走过的50年岁月，袁树雄把自己比作一株小草，看似渺小，却坚强无比。"小草的生活不只有眼前的苟且，也有诗和远方。小草，没有树的高大，没有花的艳丽，但我要去编织那绚丽多姿的大地，要迸发勃勃生机。"

袁树雄总结自己有"竹子精神"。竹子生长的前五年，仅仅长3厘米，但从第五年开始，便以每天30厘米的速度疯狂地生长，6个星期就可以长到15米。后期竹子的生长看似很快，但它在之前的五年，其实是将根深深地扎进土壤中。袁树雄欣赏竹子，因为它遇到石头，竹根可以穿入坚如钢铁的石体，在生长和壮大时常把石头撑裂。竹子韧性极强，再大的风雨也很难将它吹折。

竹子尚且如此，何况人乎！默默扎根，永远不要担心此时此刻的付出没有回报，熬过那艰难的3厘米，蓝天和雨露会在你破土而出的时候给你黎明和惊喜！

成功不怕晚，五十又怎样？

这个世界从来不怕大器晚成，怕的是一生平庸。

写在后面的话

从未想过自己会出书。衷心感谢湖南人民出版社给予的帮助与支持！

从小到大经历过太多的坎坷，三十多年的默默耕耘，终于从一个默默无闻的基层音乐工作者，蜕变成一个公众人物，这让很多正在努力的年轻人看到了方向。我自己也常说："成功不怕晚，五十岁又怎样"，"只要坚持，就有收获"，"机会是留给有准备的人的，而我一直准备着"。

突然间觉得能写本自己成长励志故事的书也不错，至少可以给正在奋斗的人们带来一种精神，一种坚忍不拔、永不言弃、勇往直前的精神。

有了出书的想法后，很多人希望我自己来写，也许他们觉得自己写的东西更真实、更自然。也正是因为大家的鼓励，我才鼓起勇气提起笔，开始本书的写作。

我的运气很好。在写作途中，碰到了株洲开放大学副校长唐曦之老师。唐副校长系省作家协会会员，文学功底深厚。在我的邀请下，唐副校长爽快地答应帮我一起完成这本书。经过两个多月的交流与写作，书的初稿出来了。后经省作家协会会员黄金云老师的二次完善，书稿基本成形。

特别感谢中宣部、中共湖南省委宣传部、湖南省文化和旅游厅对基层文艺工作者的重视和关心！感谢中央广播电视总台、湖南卫视、抖音等给了《早安隆回》最为重要的舞台！

很多人说原隆回县委常委、宣传部部长、政法委书记，现湖南省委政法委综治督导处处长李明海是我生命中的贵人，这话一点都不为过。在《早安隆回》的整体策划、宣传与推广中，李处长起了关键作用。那段时间我们几乎每天都要通话几小时，来及时沟通并处理些问题，李处长对家乡的这份情怀，对文化的这份挚爱，真的让人感动！

同时感谢现在北京工作的吴传胜，盘古智库理事长易鹏，湖南卫视欧阳剑，省委网信办刘群群、范东华，湖南日报胡信松、长沙隆回商会常务副秘书长、《湖湘文化》杂志执行总编辑罗一飞，贵阳隆回商会常务副会长兼秘书长罗文骅，邵阳电视台《午安邵阳》制片主任胡德积，隆回县文化旅游广电体育局局长魏彪，以及待我如兄弟的刘平建、向长江、周鹏飞、田群力、罗润芳、陈百花等众多兄弟姐妹！周春海先生以《〈早安隆回〉火爆现象之深层透析》为题，从隆回的历史与文化的角度揭示了《早安隆回》火爆之原因。杨旦萍老师以《高山上的那棵树》为题，著文回忆了我的一些从年少至今的故事。感谢你们！是你们给予我亲人般的关怀与支持，才让我拥有来之不易的成绩！

感谢在我成长路上一直关心我的隆回籍老领导，原中华全国总工会副主席周玉清！记得年轻时去北京，到周老的家里，周老当时就觉得我在艺术上有自己独特的见解，当起了伯乐，给我介绍北京的部队文工团。我多次举办个人演唱会时，周老给予了倾情支持！此外，周老还给我题词"袁汁袁味，芳香醉人"，这个题词一直陪伴与激励着我一路前行。

  感谢我的姐夫邓玉庄。从我报考中国音乐学院，到邵阳、长沙以及加拿大渥太华等地的个人演唱会，姐夫策划组织并竭尽全力地帮衬着我！

  同时感谢全国各地给《早安隆回》点赞、转发、评论以及宣传过的媒体朋友、博主以及粉丝们！你们是我生命中最美的相遇，成长路上，感谢有你们！

  特别感谢家乡的领导和家乡的人民！是你们给予我无穷的力量，让我勇敢地向前行！

  新时代、新征程，需要新担当、新作为。真正的艺术，就是要深入基层，扎根人民，以文质兼美的优秀作品，让人民感受美好、感知幸福、感触温暖。在今后的日子里，我将继续扎实工作，不断创作出更好更优的文艺作品，为乡村文化振兴发挥光与热，为推进文化强县、文化强省贡献自己的力量。

袁树雄
2023年8月

后 记

2022年，乘世界杯之风，《早安隆回》在自媒体平台上出圈之后，热度愈发高涨，一路登上湖南卫视跨年晚会、央视春晚的舞台。这首歌也将它的原创者袁树雄推至众人目光之下。此前的袁树雄，只是一名隆回县文化馆的"体制歌手"，创作类似《三合街》《大隆回》等专注于当地文化宣传的歌曲。短短几个月的时间内，《早安隆回》及袁树雄带着一股蓬勃昂扬的草根生命力量，突破低沉的阴霾，闯入大众的视野。

这一次走红只是巧合吗？是什么使得袁树雄能坚持三十年如一日默默无闻的创作？在走红之后，袁树雄会选择哪一条路继续前行呢？

怀抱着这些疑问，我们联系了袁树雄，请他向读者介绍自己一生的故事。袁树雄从偏远的山村走出，辗转中国南北，一度在事业的高峰跌落，又偶遇贵人，得到安稳生活。在数次波折与坎坷之后，他依然在创作诸如《早安隆回》等饱含积极生命力量的歌曲。正如在本书的末尾一节，他如此解释支撑自己一路走过来的"竹子精神"：

竹子生长的前五年，仅仅长3厘米，但从第五年开始，便以每天30厘米的速度疯狂地生长，6个星期就可以长到15米。后期竹子的生长看似很快，但它在之前的五年，其实是将根深深地扎进土壤中……它如果遇到石头，竹根可以穿入坚如钢铁的石体，在生长和壮大时常把石头撑裂。竹子韧性极强，再大的风雨也很难将它吹折。

在书中，读者可以看到一个更真实亲切的袁树雄，他的人生经由三位作者细致讲述。除袁树雄本人外，我们还邀请到唐曦之和黄金云两位老师参与。唐曦之老师负责采写初稿，黄金云老师负责文稿二次完善。

由于字数和体例限制，本书对袁树雄的经历有所择选，难免有部分忽略或着墨较少，还请读者见谅。

编　者

2023年8月

本作品中文简体版权由湖南人民出版社所有。
未经许可，不得翻印。

图书在版编目（CIP）数据

照亮我一路前行：袁树雄与《早安隆回》/唐曦之，袁树雄，黄金云著. — 长沙：湖南人民出版社，2023.9
ISBN 978-7-5561-3318-5

Ⅰ.①照… Ⅱ.①唐… ②袁… ③黄… Ⅲ.①袁树雄—传记 Ⅳ.①K825.76

中国国家版本馆CIP数据核字（2023）第157239号

ZHAOLIANG WO YILU QIANXING——YUAN SHUXIONG YU《ZAOAN LONGHUI》

照亮我一路前行——袁树雄与《早安隆回》

著　　者	唐曦之　袁树雄　黄金云
出 版 人	贺正举
出版统筹	陈　实
责任编辑	杨　纯
产品经理	杨蕙萌
责任校对	杜庭语
责任印制	肖　晖
装帧设计	饶博文
内文设计	杨发凯　陈艳玲

出版发行	湖南人民出版社 ［http://www.hnppp.com］
地　　址	长沙市营盘东路3号
邮　　编	410005
电　　话	0731-82683346

印　　刷	湖南天闻新华印务有限公司
版　　次	2023年9月第1版
印　　次	2023年9月第1次印刷
开　　本	710mm×1000mm　1/16
印　　张	10.25
字　　数	100千字
书　　号	ISBN 978-7-5561-3318-5
定　　价	68.00元

营销电话：0731-82683348　　（如发现印装质量问题请与出版社调换）